Horst Lichter
mit Till Hoheneder

ZEIT FÜR FREUNDSCHAFT?!

Einige der Personen im Text sind aus Gründen
des Persönlichkeitsschutzes anonymisiert.

Besuchen Sie uns im Internet:
www.droemer-knaur.de

Originalausgabe Oktober 2024
© 2024 Knaur Verlag
Ein Imprint der Verlagsgruppe
Droemer Knaur GmbH & Co. KG, München
Alle Rechte vorbehalten. Das Werk darf – auch teilweise – nur mit
Genehmigung des Verlags wiedergegeben werden.
Die Nutzung unserer Werke für Text- und Data-Mining im Sinne
von § 44b UrhG behalten wir uns explizit vor.
Illustrationen im Innenteil von Christine Lichter
Covergestaltung: Verlagsgruppe Droemer Knaur
Coverabbildung: Boris Breuer
Satz und Layout: Adobe InDesign im Verlag
Druck und Bindung: CPI books GmbH, Leck
ISBN 978-3-426-44630-0

2 4 5 3 1

Inhaltsverzeichnis

Vorwort
7

Kinderzeit:
Das ist jetzt meine beste Freundin!
15

Freundschaft fordert nicht
34

Vorbilder, Entstehung und Entwicklung
von Freundschaften
40

Interview mit Nelson Müller
57

Was braucht Freundschaft?
71

Freund oder Nichtfreund?
Das ist hier die Frage …
81

Interview mit Tony Bauer
85

Tiere – die besten Freunde des Menschen?
101

Interview mit Martin Rütter
113

Eltern und Kinder – Freunde?
129

Interview mit Christopher Lichter
145

Wohlstand und Reichtum –
Feinde der Freundschaft?
154

Freundschaft auf dem Prüfstand:
Wer ist mein Freund, was darf ein Freund,
und bin ich mein eigener Freund?
169

Zeit für Freundschaft?!
177

Schlusswort
187

Zugabe:
Freundschaftsseiten
191

Vorwort

Als mein Management mir die Idee zu diesem Buch unterbreitete, war ich sofort begeistert. Feuer und Flamme. Was für eine wunderbare Idee, zum Niederknien schön: Ich schreibe ein Buch über Freundschaft. Allein schon dieses Wort, Freundschaft – da wird einem doch direkt warm ums Herz! Das klingt nach Zuneigung, nach Freude, Abenteuern, Lachen, Trost, Beistand, Hilfe und Fürsorge. Nach wunderbaren Geschichten, nach Schokolade, Pudding und Feuerzangenbowle.

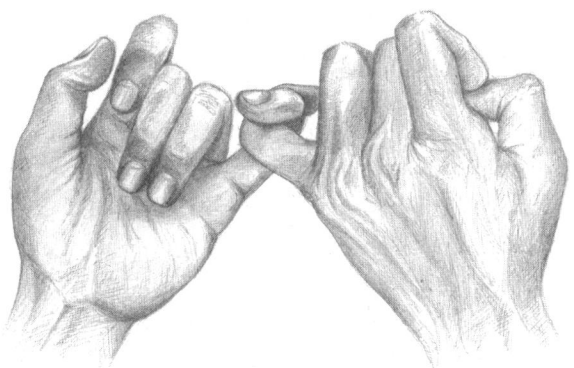

Ich weiß nicht, wie ich das erklären soll, aber der Gedanke an gute Freunde knistert in meinen Ohren, wohlig vertraut wie ein gemütliches Feuer an kalten Wintertagen. Freundschaft und Freunde, wie viele Bücher, Lieder und philosophische Abhandlungen gibt es zu diesem Begriff?

Voller Neugier und guter Gefühle habe ich schnell mal bei Wikipedia »Freundschaft« in die Suchleiste eingegeben und war nicht überrascht, als ich las:

»Freundschaft bezeichnet ein auf gegenseitiger Zuneigung beruhendes Verhältnis von Menschen zueinander, das sich durch Sympathie und Vertrauen auszeichnet. Eine in einer freundschaftlichen Beziehung stehende Person heißt Freund beziehungsweise Freundin. Freundschaften haben eine herausragende Bedeutung für Menschen und Gesellschaften. Schon antike Philosophen wie Aristoteles und Cicero haben sich mit der Freundschaft auseinandergesetzt.«

Na bitte, das klingt doch verständlich und einleuchtend. Zufrieden ließ ich meine Gedanken schweifen, dachte an meine Freunde und erinnerte mich an Geschichten, die ich mit ihnen erlebt habe. Ich dachte darüber nach, wie sehr ich mit Menschen mitfühle, die ganz allein und ohne Freunde leben. Aber es dauerte nicht lange, bis die ersten Fragen auftauchten: Wieso haben diese Leute keine Freunde? Wie kann das sein? Von frühester Kindheit ist »Freundschaft« doch das große Thema – schon in der Kita verteilen die kleinen Stöpsel ihre Freundebücher, obwohl sie noch nicht mal richtig schreiben können.

Sofort fielen mir die unsterblichen Freundespaare meiner Generation ein, aus der Literatur oder aus Film und Fernsehen: Micky Maus & Goofy, Laurel & Hardy, Tim & Struppi, Tom Sawyer & Huckleberry Finn, Tom & Jerry, Asterix & Obelix, Sherlock Holmes & Dr. Watson, Ernie & Bert, Mogli & Balu, Winnetou & Old Shatterhand – um nur einige zu nennen. Von ihnen kam ich auf die echten Freunde, denn selbstverständlich gab und gibt es auch im »richtigen« Leben berühmte Freundespaare: Goethe & Schiller, Marx & Engels, Lennon & McCartney, Jagger & Richards, Pelé &

Kaiser Franz, Kohl & Mitterrand. Viele der Paare sind nicht nur die Idole meiner Generation, sondern mittlerweile auch die meiner Enkelkinder.

Verwundert stellte ich jedoch nach einer Weile fest: Wieso kenne ich eigentlich so wenige Freundinnen? Die berühmten Freundschaften, die ich aufgezählt habe, sind alles Männerpaare. Ist unsere Welt so männerdominiert, dass eine Freundschaft zwischen zwei Frauen eine geringere Rolle in der Literatur und im Showbusiness spielt? Nach einer Weile erinnerte ich mich mit Mühe an Erich Kästners Zwillingsmädchen-Roman »Das doppelte Lottchen«, an »Bibi & Tina«, die TV-Freundinnen von den »Golden Girls« und »Sex in the City«. Aber sonst? Sind Bibi & Tina etwa feministischer, als ich dachte? Auch in der realen Welt wird den Frauenfreundschaften längst nicht so viel Beachtung geschenkt wie den oft und gerne bemühten legendären Männerfreundschaften. Merkwürdig, oder?

Dann stelle ich mir die Frage: Können Männer und Frauen überhaupt beste Freunde sein? Als Kinder ja, meine beste Kinderfreundin war meine Cousine Elke. Doch dazu später mehr. Ob allerdings erwachsene Männer und Frauen enge Freunde sein können, wird nicht erst seit der wunderbaren Filmkomödie »Harry und Sally« immer wieder heiß diskutiert – da ihnen angeblich immer der Sex dazwischenkommt. Bestimmt gibt es genug gemischte Freundespaare, die da widersprechen würden.

Das wohl bekannteste Lied über Freundschaft ist im deutschsprachigen Raum der unverwüstliche Klassiker »Ein Freund, ein guter Freund«. Ich kenne keinen Menschen meiner Generation, der nicht mindestens die ersten zwei Zeilen dieses Liedes auswendig mitsingen kann: »Ein Freund, ein guter Freund, das ist das Beste, was es gibt auf der Welt.« Dieser Text von Robert Gilbert ist mittlerweile mehreren Generationen bekannt, das Lied taucht immer wieder irgendwo aus der Versenkung auf und wird bis heute von vielen als die ultimative Hymne der Freundschaft betrachtet. Einer richtigen Männerfreundschaft natürlich, denn schließlich heißt es ja im Text, »drum sei auch nie betrübt, wenn dein Schatz dich nicht mehr liebt«. Lässt man die nostalgische Vorstellung einer »Männerfreundschaft« im frühen 20. Jahrhundert beiseite, dann bleibt immerhin die Schlussfolgerung bis heute gültig: »Ein Freund, ein guter Freund, das ist der größte Schatz, den's gibt!«

Die Frage ist nur: Was ist ein guter Freund? Oder eine gute Freundin? Gibt es eine amtliche Definition, was unter einer richtigen Freundschaft zu verstehen ist? Was verstehe ich, was versteht ihr unter dem Begriff Freundschaft? Meinen wir mehr oder weniger dasselbe, wenn wir über Freundschaft reden? Gibt es eine schlechte Freundschaft? Denn wenn eine Freundschaft schlecht ist, dann ist es ja eigentlich keine richtige Freundschaft. Oder? Und warum halten nicht alle Freundschaften ewig, wenn sie doch »der größte Schatz, den's gibt« sind? Zerbrechen Freundschaften, weil wir Menschen uns im Lauf der Jahre ändern? Haben wir zu hohe Erwartungen an eine Freundschaft? Woher kommen diese überhöhten Vorstellungen? An welchen Problemen kann eine Freundschaft scheitern, obwohl doch allgemein behauptet wird, dass gute Freunde zusammenstehen, durch dick und dünn gehen? Mit wem möchte ich befreundet sein – und *wie* möchte ich mit jemandem befreundet sein?

Als ich mir diese Fragen aufgeschrieben hatte, war ich ganz schön erstaunt. Das Thema Freundschaft hatte ich mir nicht so komplex und vielschichtig vorgestellt, Herrschaftszeiten. Ich hatte, wie vermutlich viele von euch auch, eher eine eindimensionale, naive und romantische Vorstellung von Freundschaft: Man hat eben eine Handvoll guter Freunde – und gut is! Aber dann habe ich über die verschiedenen Freundschaften meines Lebens nachgedacht. Über die bestehenden, die gescheiterten, aber auch die, die ich gar nicht so einfach kategorisieren oder beschreiben kann. Einige Beziehungen entziehen sich nun mal den gängigen, allgemeingültigen Parametern der Freundschaft.

Ich hatte auf einmal so viele Fragen über Freunde und Freundschaft im Kopf, dass ich gar nicht mehr mit Gewissheit sagen konnte, was eine richtige Freundschaft ist. Gibt es überhaupt so etwas wie *eine richtige* Freundschaft? So unterschiedlich, wie wir Menschen sind – ist es da nicht eher so, dass es dementsprechend auch unzählige verschiedene Arten von Freundschaft gibt? Wenn ich mehrere Menschen frage, was sie unter einer richtigen Freundschaft verstehen – finde ich dann Gemeinsamkeiten bei den verschiedenen Definitionen, entsteht so etwas wie eine Schnittmenge? Tugenden, die immer wieder auftauchen, wenn wir über Freundschaft sprechen, sind zum Beispiel: Treue, Moral, Wahrhaftigkeit, Verlässlichkeit oder Respekt. Wahrscheinlich gibt es auch Naturvölker auf der Welt, die mit unseren Vorstellungen von Freundschaft überhaupt nichts anfangen können. Aber wenn Freundschaft so eine gewichtige Rolle in unserem Zusammenleben spielt wie in unserer europäischen Kultur, dann drängt sich mir die nächste essenzielle Frage auf: Kann der Mensch ohne Freundschaft überhaupt ein schönes, erfülltes Leben führen?

Diesen Fragen möchte ich in diesem Buch nachgehen. Mit meiner ganzen Neugier, Lebenserfahrung, Leidenschaft und meinem Interesse an den Menschen. Aber vor allen Dingen auch mit viel Ehrlichkeit. Wir Menschen neigen sehr oft dazu, die Dinge schöner zu reden, als sie wirklich sind, die einen mehr, die anderen weniger. Hat der naive, gutmütige Optimist mehr Freunde als der vorsichtige Realist? Wer hat noch nie in seinem Leben mit seinem Partner über Freunde diskutiert? Über die Freude, die man mit ihnen haben kann? Über die bitteren Enttäuschungen, die man erleben kann? Über unerfüllte Erwartungshaltungen und bedingungslose, großzügige Unterstützung?

Freundschaft, das ist ein großes Thema. Ich möchte auch mir selbst gegenüber ehrlich sein und der Frage nachgehen, welche Freunde heute noch in meinem Herzen wohnen. Am Ende muss ich mich vielleicht auch mit denen beschäftigen, die ich rausgeschmissen habe – oder die gegangen sind, weil ich ihnen wehgetan habe und sie enttäuscht von mir waren.

Ich weiß nicht, ob ich all meine Fragen am Ende beantworten kann, wohin diese Freundschaftsreise geht, wohin mich meine Erinnerungen, Erlebnisse und Überzeugungen tragen werden. Das ist schließlich der Anfang dieses Buches, nicht das Ende. Der griechische Philosoph Aristoteles hat gesagt: »Freundschaft, das ist eine Seele in zwei Körpern.« Meine Seele ist gleich mit der meines Freundes – wenn ich das konsequent weiterdenke, dann muss ich mich ernsthaft fragen: Macht das für mich überhaupt Sinn? Wenn wir den Begriff »Seele« der Einfachheit halber als Gesamtheit dessen, was man empfindet, fühlt oder denkt, verstehen – dann stellt sich mir am Ende des Vorwortes, am Anfang des Buches vor allem diese eine Frage: Würde ich mich selbst als Freund haben wollen? Was sagen und denken Menschen, die ich sehr mag, dazu? Ich muss zu diesem Thema auf jeden Fall auch ein paar interessante Leute im Buch interviewen. Und wie denken meine Freunde über Freundschaft? Ich will es herausfinden. Was ist mit der Freundschaft zwischen Menschen und Tieren? Ist der Hund nicht der beste Freund des Menschen? Was sagt wohl der gute Martin Rütter, der »Hundeflüsterer«, dazu? Ich werde ihn fragen. Was sagen Soziologen, Psychologen und Wissenschaftler? Muss ich auch ihre Erkenntnisse mitberücksichtigen, um meinem Thema gerecht zu werden?

Ich hoffe sehr, dass ich am Ende dieses Buches eine ehrliche und befriedigende Antwort auf diese Fragen gefunden habe.

Kinderzeit: Das ist jetzt meine beste Freundin!

Kinder sind faszinierende Wesen. Sie werden unschuldig geboren, sie sind wie ein weißes Blatt Papier, ohne eine Geschichte. Am Anfang schreiben wir Erwachsene diese Geschichte. Deshalb sollten wir auch gut überlegen, was wir in diesen ersten, unheimlich prägenden Lebensjahren mit unserer schönsten Schrift aufschreiben. Sonst wächst das Unkraut der Eltern im Garten der Kinder munter weiter. Davon mal abgesehen, können Kinder im Laufe ihrer Entwicklung ihre Eltern auch schwer auf Trab halten.

Herbert Grönemeyers Lied »Kinder an die Macht« hat mich immer amüsiert. Er singt doch tatsächlich: »Gebt den Kindern das Kommando, sie berechnen nicht, was sie tun.« Als Vater von drei Kindern kann ich das nicht bestätigen. Kinder können ab einem gewissen Alter nicht nur beinharte Egoisten sein, sie berechnen zum Teil auch sehr wohl, was sie tun. Wenn sie etwas erreichen wollen, dann können sie Himmel und Hölle in Bewegung setzen, um an ihr Ziel zu kommen. Wenn Mama »Nein« sagt, vielleicht sagt Papa »Ja« – oder vielleicht können Oma und Opa helfen? Ich habe alles erlebt. Meine Kinder haben unter anderem mit Tränen, Wutanfällen und Schmeicheleien versucht, mich auf ihren Kurs zu bringen. Aber was sagen die Fachleute? Ich habe mal Google angeschmissen und mir ein paar Artikel zur Frage »Ab wann sind Kinder berechnend?« durchgelesen. Laut Studien der Psychologin Kristin Leimgruber und ihres Teams von der Yale-Universität können Kinder in Sachen Freundschaft ab einem gewissen Alter – man spricht von circa fünf Jahren – sehr berechnend sein. Die Gründe dafür sind unterschiedlichster Art, mal handeln sie instinktiv, manchmal bewusst berechnend.

Woran ich mich noch aus meiner eigenen und der Kindergarten- und Schulzeit meiner Kinder erinnere: Im Kindergarten, in der Grundschule oder auf der Straße gibt es immer ein paar, die das Sagen haben, ich nenne sie mal flapsig die »Lautsprecher und Rudelführer«. In deren Fahrwasser schwimmen meistens die weniger Auffälligen mit, weil es so schön einfach ist: Man gehört dazu, hat seine Ruhe und schwimmt mit dem Strom – das ist etwas, was viele Menschen manchmal ihr ganzes Leben lang machen. Natürlich gibt es auch welche, die sich raushalten, Einzelgänger sind oder sich mit anderen »Unauffälligen« zusammentun, vielleicht weil sie, um es vereinfacht zu sagen, Leidensgenossen sind. Aber kann man in beiden Fällen – beim Rudel und beim Bündnis der Unauffälligen – von Freundschaft sprechen? Oder sind das eher Strategien, um sich schon von klein auf einen Platz in der Gesellschaft zu suchen?

Ist es zum Beispiel Freundschaft, wenn man einfach nur hinter dem Stärksten hertrottet? Schwer zu sagen. Wenn ich mit Freunden über ihre Kindheitsfreunde spreche, dann höre ich oft: Ich war mit Paul befreundet, weil der immer alles hatte, was ich nicht hatte – ein eigenes Kinderzimmer, ein Bonanza-Fahrrad, viele Süßigkeiten und jede Menge Spielzeug, das meine Familie sich nicht leisten konnte, weil wir arm waren. Solche Gründe sind verständlich, aber es fehlt die Aussage, dass Paul so ein feiner Kerl war! Von Vertrauen, Sympathie oder Seelenverwandtschaft keine Spur – kann man da schon von Freundschaft sprechen?

Ich muss an dieser Stelle gestehen, dass ich erst auf der Hauptschule, also im sechsten Schuljahr, einen ersten, richtigen Freund hatte. Vorher, seitdem ich ungefähr drei Jahre alt war, hatte ich tatsächlich nur eine Freundin, und das war meine liebe Cousine Elke. Wir wohnten im Dorf in derselben Straße, waren gleich alt und mochten uns einfach unglaublich gerne. Unsere Freundschaft war einer der Fälle, die ich hier noch nicht beschrieben habe: die Freundschaft aus Zuneigung, ganz ohne Berechnung. Die gibt es ja, Gott sei Dank, auch. Und Elke und ich, wir waren dicke Freunde. Mir war es nie Last, mit ihr zu spielen, was sie spielen wollte, und ihr war es nie Last, mal das mitzuspielen, was ich gespielt habe. Es gab kein Gezanke um Spielzeug, Geld oder Süßigkeiten. Es war allerdings auch von allem Genannten nur sehr wenig da. Vielleicht war unsere Freundschaft auch deswegen so besonders, weil es nichts gab, was wir uns neideten. Wir fühlten uns wohl in der Gesellschaft des anderen und hatten uns einfach lieb. Es war eben immer schön, wenn wir zusammen waren. Wir haben uns aufeinander gefreut. Wir haben gespielt und gelacht, und wir haben herrlichen Blödsinn miteinander verzapft. Da war nie ein Konkurrenzkampf, oder ein Anspruch darauf, der »Bestimmer« zu sein. Elke konnte mich nicht beschützen, ich konnte sie nicht beschützen – wobei wir uns auch gar nicht um andere Kinder bemüht haben. Es war einfach so, dass wir zwei uns genug waren. Zwischen uns gab es diese tiefe, ganz einfache

Grundsympathie, wenn sich zwei gefunden haben, die sich mögen und zusammen wohlfühlen: Freundschaft. Ich habe so viele Menschen in den letzten sechzig Jahren kennengelernt, ich hatte immer mit vielen Menschen zu tun. Aber diese Jahre der Kinderfreundschaft zu Elke, dieses tiefe Gefühl der Zuneigung und Verbundenheit zu ihr, das werde ich nie vergessen.

Natürlich sind wir irgendwann getrennte Wege gegangen, denn alles im Leben hat nun mal seine Zeit, und nix ist für immer. Irgendwann – ich weiß nicht mehr genau, ob wir zwölf oder dreizehn Jahre alt waren – wurde Elke ein Pferdemädchen. Sie liebte Pferde über alles und ging täglich in den Reitstall. Pferde reiten, Pferde pflegen, ihr ganzes Leben drehte sich nur noch um Pferde. Das Irre war: Ich wollte mit! Ich wollte unbedingt mit ihr zusammen in den Reitstall, ich fand das alles auch toll da. Aber ich hatte die Rechnung ohne meine Eltern gemacht. Im Gegensatz zu Elkes Eltern erlaubte meine Mutter nicht, dass ich mich dort aufhielt: Sie wollte partout nicht eine Erklärung des Reitvereins unterschreiben, dass die Eltern im Falle eines Unfalls die Verantwortung selbst übernehmen. Das war meinen Eltern gar nicht recht, Reiten war ihnen viel zu gefährlich. Das war das banale Ende der großen Freundschaft zwischen Elke und mir – ein Zettel, den meine Mutter nicht unterschreiben wollte. Also ging Elke allein zum Reitstall, und ich blieb zurück auf der Straße. Von da an interessierte ich mich vor allem für Fahrräder und Mopeds. Wenn ich darüber heute nachdenke, muss ich lachen. Pferde waren meiner Mutter anscheinend viel zu gefährlich, Mopeds jedoch nicht. Aber so oft, wie ich mich später mit den Mopeds auf den Bart gelegt habe, frage ich mich manchmal, ob ich wohl genauso oft vom Pferd gefallen wäre ...

Ich habe viel darüber nachgedacht, warum mir keine anderen Kinder in unserer Dorfstraße so im Gedächtnis geblieben sind wie Elke. Denn natürlich haben wir auch mit den anderen Kindern gespielt. Wahrscheinlich haben wir auch zu unseren Eltern gesagt, dass diese Kinder unsere Freunde seien.

Ja, Freundschaften unter Kindern – das ist ja immer so eine Sache. Kleinkinder sind gerne mit anderen Kindern zusammen, das ist unbestritten. Aber ich habe es bei meinen Kindern und auch bei meinen Enkelkindern oft genug beobachtet: Es ist mehr ein Nebeneinander- als ein Miteinanderspielen.

Was mir immer wieder im Laufe der Jahrzehnte aufgefallen ist: Den Kids ist es meistens schnurzpiepegal, ob der neue »beste Freund« ein Junge oder Mädchen ist. Wichtig ist vielmehr, dass andere Kinder überhaupt da sind. Wer kennt das nicht aus dem Familienurlaub: Die Freunde der Kinder sind fern in der Heimat, also werden diejenigen ausgecheckt, die vor Ort sind. Wer auch am Strand spielt und bereit ist, beim Buddeln oder Ballspielen mitzumachen, wird kurzerhand zum Freund oder zur Freundin erklärt. Dieser Pragmatismus macht ja auch Sinn, denn Burgen bauen, mit Wasser rummatschen oder auf der Wippe schaukeln – all das macht in Gemeinschaft mehr Spaß als alleine, und das ist erst mal wichtiger als tiefe Zuneigung.

Bei uns im Dorf war es nicht anders. Wer auf der Straße war und mitspielen wollte, der war dabei. Das wechselte oft täglich und war auch nicht so wichtig. Mal hatte man sich gestritten, mal hatte einer keine Zeit oder wollte lieber Fußball spielen statt Himmel und Hölle oder Fangen. So ist das eben bei kleinen Kindern: Heute beste Freunde, dann wird gestritten und geschmollt. Nach ein paar Stunden oder Tagen ist dann meistens alles vergessen und fängt wieder von vorne an. Alles halb so wichtig.

Für mich war damals offensichtlich nur wichtig, dass ich mit Elke zusammen sein konnte. Denn wie gesagt: Was wir spielten, war uns egal. Hauptsache, wir waren zusammen. Das hat sich während unserer Grundschulzeit nicht geändert, eher intensiviert.

Auch bei heutigen Kinderfreundschaften kann ich das beobachten. Was jedoch anders ist: Mir fällt auf, dass die Eltern mehr bei der Auswahl der Freunde ihrer Kinder mitmischen wollen. Ich weiß nur nicht, ob ich das für sinnvoll halte.

Meine Eltern waren viel zu sehr mit der Arbeit beschäftigt, um uns Kindern vorzuschreiben, mit wem wir uns zu treffen haben. In der kleinen Welt unserer Dorfstraße kannte ja sowieso jeder jeden, und Kinder waren Anfang der Sechzigerjahre eher nicht unter ständiger Beobachtung der Erwachsenen. Heute sehe ich manchmal erstaunt zu, wie Eltern schon sehr früh beeinflussen wollen, mit wem sich die Kinder anfreunden. Krabbelgruppen werden von Eltern gegründet, die sich mögen oder miteinander befreundet sind – und die hoffen, dass in diesen Gruppen auch der Grundstein gelegt wird für die Freundschaft ihrer Kinder. Das kann natürlich funktionieren, und dagegen ist ja auch nichts einzuwenden. Nur manchmal wünsche ich mir, dass die Eltern sich nicht so viel einmischen.

Spätestens in der Grundschule sollten die Kinder doch selbst entscheiden, mit wem sie spielen möchten. Natürlich sind da – und ich weiß, wovon ich spreche – Kinder dabei, die Papa und Mama nicht gerade spitze finden, die wir Erwachsenen doof und nervig finden. Aber wenn die Kinder sich mögen, Spaß haben und gut miteinander klarkommen, dann sollten wir Erwachsenen ihnen meiner Meinung nach nicht dazwischenfunken. Kinder sollen doch ihre eigenen Freundschaftserfahrungen machen, oder? Nur so können sie lernen, was ihnen in einer Freundschaft wichtig ist.

Der nächste Mensch, der mich sehr geprägt hat und den ich einen wichtigen Freund meiner Jugendzeit nennen würde, war Achim. Heute weiß ich: Achim war ein Problemfall. Damals habe ich das allerdings weder gesagt noch gedacht, denn eigentlich war Achim ruhig, fleißig und immer lieb. Jedenfalls zu mir. Er war ein feiner Kerl, anders kann ich ihn nicht beschreiben.

Sein Verhalten konnte ich mir schon als Teenager kaum erklären, und das hatte eine wahnsinnige Anziehungskraft auf mich: Denn Achim bekam nämlich ziemlich viel auf die Fresse, vor allem von den älteren Jungs auf der Hauptschule. Aber er hat auch tüchtig ausgeteilt und sich nix gefallen lassen. Weder von den großen Kerlen noch von den Lehrern. Achim tickte auf eine faszinierende Art anders, der Junge war unberechenbar. Ein Beispiel: Einmal stand er mitten im Unterricht auf und ging einfach nach Hause, weil er der

Meinung war, »das ist jetzt durch für mich heute«. Und dann ging er, da war selbst der Lehrer platt. Wenn das nicht problematisch ist, dann weiß ich es auch nicht.

Ich habe ihn deswegen nicht bewundert, aber irgendwie mochte ich den einfach, ich kann das gar nicht richtig erklären. Man könnte heute aus küchenpsychologischer Sicht sagen: Na ja, vielleicht hast du ihn bewundert, weil der das getan hat, was wahrscheinlich jeder gedacht, aber natürlich nicht gemacht hat. Aber Bewunderung trifft es nicht – Verwunderung schon eher, weil ich ja mitbekommen habe, was für einen unglaublichen Ärger er für solche Nummern bekommen hat. So einen Ärger wollte ich auf keinen Fall haben!

Achim war das anscheinend egal, das war die Faszination, die von ihm ausging. Ich habe gesehen, wie er vor den 16-Jährigen nicht gekuscht hat, wenn die ihn bedrohten. Jeder hätte klein beigegeben, nur der kleine Achim, der holte aus, schlug zu und bekam ein gewaltiges Echo zurück. Unglaublich. Auch zu Hause hatte er es nicht einfach, seine Eltern waren streng, und sie bevorzugten vor allem seinen Bruder. Achim konnte es ihnen nicht recht machen, vielleicht wollte er es ihnen aber auch ab einem gewissen Zeitpunkt nicht mehr recht machen.

Wenn wir zusammen waren, konnten wir spielen – mein Gott, haben wir uns gut verstanden. Sobald wir loszogen, konnten wir alles vergessen. Raum, Zeit, alles war unwichtig. In unserer Spielfreude passierten uns sogar Sachen, die ich mir bis heute nicht erklären kann. Zum Beispiel die Sache mit Mutters Fahrrad.

Wir zwei sind mit den Fahrrädern los. Unser Ziel versprach ein großes Abenteuer: Bei uns im Dorf gab es nämlich einen wilden Schrottplatz – da wollten wir nach Schätzen suchen und gucken, ob wir nicht irgendetwas von dem alten Krempel noch gebrauchen konnten. Also sind wir dahin, und weil mein Fahrrad kaputt war, bin ich mit dem Fahrrad von meiner Mutter gefahren. Die hatte so ein uraltes Damenrad, ein NSU-Damenrad. Das hatte mein Vater wunderschön parat gemacht, es sah picobello aus und ließ sich butterweich fahren, ein Träumchen!

Am Schrottplatz angekommen, haben wir stundenlang den Schrottplatz ziellos durchstromert, mit Sachen gespielt – wie im Rausch. Wir waren im Paradies, wie es nur zwei richtig gute Freunde sein können. Irgendwann haben wir ein Fahrrad gefunden. Ein Damenrad, so ähnlich wie das von meiner Mutter. Ich weiß nicht mehr, wessen Idee das war und wer angefangen hat, aber wir haben das Rad komplett auseinandergekloppt und zerstört. Als wir nach dieser schweren Arbeit dann bei anbrechender Dunkelheit nach Hause radeln wollten, fanden wir das schöne Rad meiner Mutter nicht mehr wieder. Es war weg, wie vom Erdboden verschwunden. Mir ging der Hintern auf Grundeis. Wir suchten panisch den ganzen Schrottplatz ab.

Als wir zu der Stelle kamen, wo die Überreste des geschrotteten Damenrads lagen, stellten wir erschüttert fest, dass wir in unserem Wahn das Fahrrad meiner Mutter zerstört hatten. Schockschwerenot, das bedeutete großen Ärger, sehr großen Ärger.

Wie gesagt, ich kann noch nicht mal mehr sagen, ob Achim oder ob ich der Hauptschuldige war. Meine Mutter hat getobt, selbst mein Vater war kaum zu beruhigen. Mann, habe ich den Hintern versohlt bekommen. Zwei Tage brannte mir der Allerwerteste. Aber wir haben das wie echte Freunde ausgestanden. Keiner von uns hatte den anderen vorgeschoben, wir haben uns beide für schuldig erklärt. Wir waren auf dem Nachhauseweg natürlich schockiert über unsere Aktion gewesen und schweigend unserem Elend entgegengegangen, aber schon am nächsten Tag haben mein Freund und ich uns über diesen Wahnsinn natürlich kaputtgelacht. Trotz der Prügel unserer Eltern.

Achim hatte auch andere Seiten, sonst wären wir wahrscheinlich nicht so dick befreundet gewesen. Er hatte auch eine zarte, wunderbar sanfte Art und ein gutes Herz. Denn er konnte mit Tieren umgehen, das war unglaublich. Ich erinnere mich, dass er eine frei lebende Elster »abgerichtet« hatte. Dieses Tier kam immer wieder zu ihm, wenn er es rief. Es flog auf seinen Arm, ließ sich streicheln oder füttern. Irgendwann fand Achim auf einem Feld einen verwundeten Falken. Den hat er gesund gepflegt und ebenfalls ein bisschen dressiert.

Diese Seite an ihm fand ich natürlich sehr beeindruckend. Heute denke ich oft, dass ich mit Achim gerne befreundet war, weil er ganz anders war als ich. Ich mag auch Tiere, aber so einen Draht wie Achim habe ich nicht zu ihnen. Wenn ich genau überlege, wäre ich gerne manchmal so unbeugsam, mutig und stoisch gewesen wie Achim, auch wenn ich mitbekommen habe, dass dieses Verhalten ihm mehr als nur einmal geschadet hat.

An eine weitere Sache mit Achim erinnere ich mich noch sehr gut, denn sie war damals schon sehr verstörend. Es geschah in der Schule, und wenn ich heute darüber schreibe, läuft es mir eiskalt den Rücken runter. Zum einen wird mir klar, wie brutal und übergriffig Lehrer damals sein konnten, und zum anderen, wie machtlos wir als Kinder dagegen waren. Nicht nur machtlos, nein, in diesem Fall gab es nicht mal einen elterlichen Beschützer oder irgendeine erwachsene Instanz, die den Lehrer aufgrund seines Missbrauchs zur Rede und Verantwortung gezogen hat.

Was war passiert? Wir Schüler saßen im Erdkundeunterricht und machten mal wieder Unsinn, wie Kinder halt sind. Wie das früher war und heute noch ist. Irgendeiner von uns – ich weiß leider nicht mehr genau, wer es eigentlich war – entdeckte auf einmal, dass man mit Pattex noch etwas anderes machen konnte als kleben: Wenn man nämlich ein bisschen Pattex auf die Zungenspitze gab, dann brannte es erst ein bisschen, dann kühlte es, und irgendwann konnte man dann darauf kauen wie auf Kaugummi. Also fingen auf einmal alle an, sich ein Tröpfchen Pattex auf die Zunge zu schmieren. Das fanden wir irre und wesentlich interessanter, als dem Unterricht zu folgen.

Der Lehrer bemerkte das nach einer Weile und hat meinen Freund Achim dabei erwischt, wie der sich gerade mit der Tube so einen Pattex-Tropfen auf die Zunge gedrückt hat. Dieser Lehrer, ich nenne seinen Namen mal besser nicht, sah das, schlich sich von hinten an und drückte Achim den ganzen Tubeninhalt in den Hals. Der Arme hat natürlich gespuckt wie ein Wahnsinniger, gewürgt und gehustet ohne Ende. Der sadistische Lehrer meinte nur: »So, Freundchen, jetzt machst du das nie wieder in deinem Leben. Jetzt hast du mal gemerkt, was für einen Scheiß du machst.«

Mein Gott, was für ein Irrsinn. Wenn ich heute daran denke, dann ist mir völlig klar, dass Achim bei der Aktion auch hätte krepieren können. Was für kranke Hirne man damals auf uns Kinder losgelassen hat! Achim ist nach der Aktion natürlich aufgestanden und nach Hause gerannt, wo der nächste Ärger auf ihn wartete, weil er mal wieder aus der Schule abgehauen war. Warum, interessierte natürlich keinen, schon gar nicht die Eltern.

So war das nicht nur bei Achim, so ähnlich erging es vielen damals. Gott sei Dank hat sich vieles geändert. Meinen

Freund Achim habe ich jedenfalls noch in bester Erinnerung, ich glaube, ich weiß auch, woran das liegt.

In der Pubertät – so hat es mir mal ein Bekannter erklärt, der als Arzt und Therapeut tätig war – suchen wir nach unserer Identität. Man startet die ersten Abgrenzungsversuche zu den Eltern, provoziert sie mit Musik, Mode, Sprache und anderem Verhalten. Da kommen uns unsere Freunde natürlich gerade recht. Ich glaube, die Freundschaft zu Achim hat mich geprägt, weil ich so herausfinden konnte, wie ich nicht sein wollte beziehungsweise sein konnte. Natürlich sind Freundschaften in der Pubertät nicht immer einfach, man verändert sich ja auch selbst – und damit muss man klarkommen. Ich weiß noch genau, wie sehnsüchtig ich meinen Bartwuchs erwartet habe, jeden Tag gelauscht habe, ob meine Stimme bricht und tiefer wird.

Und doch ist es auch die Zeit, bewusster zu leben, Abschied zu nehmen von der unbekümmerten Kindheit. Man spielt mit seinen Freunden nicht mehr auf dem Spielplatz, sondern man trifft sich in der Stadt. Bei uns war es die Eisdiele. Da waren damals alle Jugendlichen, Jungs und Mädchen, jeder suchte da seinen neuen Platz. In dieser Zeit stellt man fest, dass sich auch die anderen verändern, darum ist Freundschaft in der Pubertät auch manchmal eine zerbrechliche Angelegenheit. Denn viel Veränderung verhindert Vertrauen. Sympathie und Vertrauen, das wissen wir seit der Wikipedia-Definition, sind aber unheimlich wichtig für Freundschaft.

Die Freundschaft von Achim und mir war sehr schön und intensiv. Obwohl wir so grundverschieden waren, mochten und vertrauten wir uns. Die Zeit, die wir miteinander verbracht haben, möchte ich nicht missen. Als ich 14 Jahre alt war und meine Lehre als Koch begann, verloren wir uns aus den Augen. Später haben wir uns noch mal wieder getroffen. Er wohnte mit seiner Frau im selben Haus wie ich mit meiner Frau. Da waren wir uns zwar noch sympathisch, aber unsere Freundschaft konnten wir nicht reaktivieren. Seine Frau wollte nicht, dass wir Zeit miteinander verbrachten. Meine Lebensumstände waren so, dass ich sowieso kaum Zeit hatte – es war vorbei.

Alles hat seine Zeit. Als Teenager hatten wir geglaubt, wir würden ewig Freunde bleiben, aber das gibt es wohl sehr selten. Das Leben ändert sich ja auch dauernd, permanent geraten wir in neue soziale Strukturen: Lehre, Studium, Umzug in eine andere Stadt, Heirat, Familie, Kinder – alles das bringt neue Kontakte, neue Beziehungen und viel Veränderung. Da bleibt so manche alte Jugendfreundschaft auf der Strecke.

Ich habe in meiner Jugend eine Entscheidung getroffen, die mir wenig Raum für Bindungsmöglichkeiten gegeben hat. Meine Lehre als Koch ließ mir kaum Zeit für intensive Freundschaften. Dazu kam eine Tatsache, die einen großen Einfluss auf meine Lebensumstände hatte: Wir hatten wenig Geld. Deswegen malochte mein Vater den ganzen Tag und war somit kaum präsent in der Familie. Das Geld, das er mit nach Hause brachte, reichte zwar für Wohnen, Kleidung und Essen. Aber alles, was ein Teenager begehrte, war nicht drin. Das musste ich mir selbst verdienen, zusätzlich zur Lehre.

Das lief ungefähr so ab: Wir hatten nur einen Ruhetag, das war der Mittwoch. Also bin ich jeden Mittwoch nach Bergheim gefahren, weil ich da morgens die Eisküche im Keller der Eisdiele Giorgio geputzt habe. Dann habe ich das Obst für die Eisbecher fertig gemacht und geschnitten und alles erledigt, was sonst noch anstand. Alle meine Mopedkumpels und Freunde hingen natürlich auch in der Eisdiele ab, das war ganz praktisch, weil ich mich dann auf ein Kaffeeschwätzchen dazugesellen konnte. Doch das hört sich cooler an, als es war, denn die Arbeit hatte selbstverständlich Vorrang.

Natürlich habe ich, um noch mehr zu verdienen, auch an meinen regulären Arbeitstagen angefangen, in der Eisdiele zu arbeiten. Das bedeutete, dass ich morgens vor Arbeitsbeginn meines Lehrbetriebs zu Giorgio fuhr, dann rüber zum Betrieb und dort bis 22 Uhr oder später weiterarbeitete. Einzige Unterbrechung war die Mittagspause, da war ich dann wieder in der Eisdiele und habe die Jungs getroffen.

Ein paar Jahre ging das so: morgens das Haus in aller Herrgottsfrühe verlassen und abends gegen 23 Uhr erst wiederkommen.

Einzige Ausnahme waren die zwei Mal in den Lehrjahren, wo ich Blockunterricht hatte, jeweils für sechs Wochen. In diesen sechs Wochen versuchte ich alles nachzuholen, was man als Jugendlicher erleben möchte: Kontakte schmieden, mit dem Moped in die Diskothek fahren und möglichst viel Zeit mit Freunden verbringen. Mädels treffen. Ich hatte dann auch mal eine Freundin, aber nach den sechs Wochen musste ich wieder arbeiten. Es dauerte dann meistens noch eine Woche, dann war die Freundin wieder passé. Hat einfach Schluss gemacht, weil ich ja so gesehen nie freihatte. Ich wollte Geld in der Tasche haben, das ging bei mir nur mit Arbeit. Meine Eltern brauchte ich nicht zu fragen, die konnten mir nichts geben.

Ich kann zu meiner Ehrenrettung sagen: Ich war keiner von denen, die das Geld nur gehortet haben und einen Igel in der Tasche hatten. Wenn ich ein paar Mark verdient hatte, dann habe ich sie auch ausgegeben, drei Mann zum Eisessen eingeladen oder in der Disco eine Runde geschmissen. Natürlich nicht, um mir Freundschaft zu kaufen. Ich habe nicht so viel gearbeitet, um alle freihalten zu können. Dem war nicht so, es gab da keinen Automatismus nach dem Motto »Horst ist da, heute müssen wir nicht zahlen!«. Aber ich war schon immer gerne großzügig, wenn mir Menschen sympathisch waren. Großzügigkeit hat mir immer imponiert, vielleicht auch deswegen, weil ich diese Tugend von zu Hause nicht kannte. Nicht weil mein Vater nicht gewollt hätte. Nein, er konnte zu seinen Freunden nicht spendabel sein. Das Überleben der Familie hatte Vorrang.

Arbeit bringt Geld, aber Arbeit macht auch Arbeit. Wenn ich mal drei Wochen Urlaub hatte, habe ich meistens einfach weitergearbeitet. Dann habe ich noch einen Job angenommen, mich in der Dorfmetzgerei beworben und Grillfleisch gemacht. Meine Freunde haben sich lieber auf ein Moped gesetzt und sind damit nach Holland gefahren oder in die Eifel zum Campen.

Ich weiß nicht, warum ich meine Prioritäten so gesetzt habe, wie ich sie gesetzt habe. Vielleicht hatten mich die finanziellen Verhältnisse zu Hause so geprägt, dass ich meine Freundschaften meinen Bedürfnissen untergeordnet habe.

Habe ich es so vorgelebt bekommen? Mein Vater war Bergmann, der hat so hart gearbeitet, um die Familie zu ernähren. Ich kann mich nicht daran erinnern, dass meine Eltern – so wie wir das heute pflegen – mal gute Freunde zum Essen eingeladen haben, um sich bei lecker Wein und Bier zu amüsieren. Da saß keiner entspannt beim Dessert und äußerte seine Gedanken zu gesellschaftlichen oder politischen Themen. Der Bergmann hatte seine Kumpels auf der Arbeit, da waren sie lebensnotwendig. Nach der Arbeit hat mein Papa Überstunden gemacht, ist irgendwann nach Hause gekommen, hat gegessen und ist todmüde ins Bett gefallen. Wenn überhaupt am Wochenende zusammengesessen wurde, dann innerhalb der Familie.

Je länger ich also darüber nachdenke, desto klarer sehe ich heute, wie sehr mich das geprägt hat.

Natürlich habe ich Entscheidungen getroffen, die mich gezwungen haben, sehr viel und sehr hart zu arbeiten. Da kann sich der Horst von heute schon mal etwas ratlos an den neunzehnjährigen Horst wenden: Mit neunzehn heiraten, eine Familie gründen, Kinder kriegen und ein Haus kaufen, das man sich eigentlich nicht leisten kann? Was hast du dir denn dabei gedacht, Junge? Hattest du keine Freunde, die dir davon abgeraten haben, die dich zur Seite genommen haben, um dir einen guten Rat zu geben? Warum gleich heiraten, wir leben doch nicht mehr in den prüden Sechzigerjahren? Genieß doch erst mal deine Jugend!

Dass man in dem Alter und in dieser Zeit wenig auf seine Eltern hörte, weil man sich ja so wahnsinnig erwachsen fühlte – geschenkt, das gilt wohl für viele Menschen meiner Generation. Die meisten – und zu denen gehörte auch ich – wollten raus aus der räumlichen Enge, weg von der elterlichen Bevormundung, der kleinbürgerlichen Spießigkeit. Schnelle Motorräder, glitzernde Diskotheken, die eigenen vier Wände, mit Freunden am Wochenende auf den Pudding hauen: Das alles versprach viel Spaß und Lebensfreude. Aber die konnte schnell zu Ende sein.

So kam es, dass ich mich genau in dem Leben wiederfand, das meine Eltern mir vorgelebt hatten: viel Arbeit, wenig Geld, also noch mehr Arbeit und wenig Zeit für Familie oder Freunde. Horst im kleinen Hamsterrad. Wechselschicht – das ist nix für schwache Menschen. Wechselschicht macht einen auf Dauer nur kaputt, körperlich und geistig.

Ein Freund in der Zeit war Norbert. Der war ein toller Typ, der fuhr Motorrad, der konnte schrauben. Den mag ich auch heute noch wahnsinnig gerne. Was uns am Anfang verbunden hat, war die gemeinsame Liebe zum Motorrad. Aber da war noch mehr: Ich mag Menschen, die was machen, was anpacken und nicht nur labern.

Norbert hat immer was gemacht, an den Kisten rumgeschraubt, ein Haus gebaut. Alles, was man allein machen kann beim Hausbau, das hat Norbert auch gemacht – nicht irgendwie hingekriegt, sondern mit Grandezza und Sorgfalt. Nein, Norbert hat angepackt und keine schönen Reden geschwungen. Für den war »faul« ein Fremdwort mit vier Buchstaben.

War es anfangs noch die gemeinsame Liebe zu Mopeds und Autos, die unsere Freundschaft begründete, so kam später von meiner Seite richtige Bewunderung dazu. Diese Macherqualitäten, die habe ich sehr geschätzt an ihm. Norbert kam nach einem Urlaub aus Australien wieder und beschloss dann einfach, dort beruflich tätig zu werden. Und so machte er das auch: Er wanderte nach Down Under aus und blieb dort viele Jahre.

Heute kann ich mir zusätzlich noch erklären, warum ich meinen Freund so bewundert habe: weil er frei war. Er machte einfach das, was er machen wollte, und nicht das, was er machen musste. Ich war schon irgendwie gefangen, ohne mich gefangen zu fühlen. Oder, besser gesagt: Ich hatte mich schon freiwillig zum Gefangenen gemacht. Verheiratet, Haus gebaut, Kind gezeugt, mich finanziell überhoben und die ersten Dramen schon voll hinter mir. Norbert lebte alleine, nur auf seinen eigenen Deckel. Er ging bei uns ein und aus, auch meine Frau mochte diesen umgänglichen und sympathischen Menschen. Zwischen mir und Norbert stimmte es aber nicht nur wegen unserer gemeinsamen Interessen, sondern wir teilten auch die gleichen Wertvorstellungen. Das ist sehr wichtig für eine funktionierende Freundschaft.

Als Norbert nach Australien ging, haben wir uns aus den Augen verloren. Ich fügte meinem Leben, selbst und unverschuldet, weitere Dramen hinzu. Eines Tages, nach vielen Jahrzehnten, kam Norbert wieder zurück nach Deutschland, wegen der Familie. Zufällig bekam ich über ein paar Ecken heraus, dass er wieder im Lande war. Wir telefonierten und trafen uns sogar. Aber auch so viele Jahre später war mein Leben immer noch vollgepackt mit Arbeit und allem Drum und Dran, dass ich keine Zeit fand, diese Freundschaft wieder aufzunehmen. Norbert hat mir dann später noch mal geschrieben – und heute tut es mir leid, dass ich diese Gelegenheit vermasselt habe. Warum habe ich diese Freundschaft nicht wieder mit Leben gefüllt?

Da bin ich wieder bei meinen Fragen, die mich seit dem Anfang dieses Buches umtreiben: Was ist Freundschaft? Gibt es die eine, die wahre? Möchte ich mit mir selbst befreundet sein? Wäre ich, der Herr Lichter, nicht furchtbar enttäuscht, wenn mein alter Freund Horst meine Briefe nicht beantwortet? Wenn kein weiteres Treffen stattfindet, weil Horst anscheinend lieber arbeitet, als mit Freunden Zeit zu verbringen? Ja, ich wäre enttäuscht. Sonst würde es mir nicht leidtun, dass ich manche Gelegenheiten verpasst habe.

Aber es gibt auch ein anderes Gefühl in mir: Ja, ich verbringe viel Zeit mit meiner Arbeit. Ich arbeite gern. Außerdem verbringe ich viel zu wenig Zeit mit meiner Frau, mit meinen Kindern und Enkelkindern. Da bleibt eben nicht viel Zeit für die Art von Freundschaft, bei der man sich oft trifft und gemeinsam die Nächte um die Ohren haut. Wenn jemand so eine Art Freundschaft mit mir führen will, dann wird das sehr, sehr schwierig werden.

Ich tendierte bisher in meinem Leben dazu, viele private Aktivitäten und meinen Freundeskreis nicht immer gleichrangig mit meiner Arbeit zu behandeln. Bisher habe ich – ob gezwungenermaßen oder freiwillig – wohl eher nach der Devise gelebt: erst die Arbeit, dann Frau und Familie und dann die Freunde.

Das ist eine These, die ich ohne dieses Buch vielleicht nie so klar formuliert hätte. Ich weiß an dieser Stelle des Textes noch nicht, wie ich das einsortieren soll, ob mich das jetzt verunsichert, betrübt oder mir gefällt.

Es bestätigt allerdings, warum ich bisher Freundschaft in Gesprächen immer so definiert habe: Freundschaft fordert nicht. Aber dies wäre nicht mein kleines Buch über Freundschaft, wenn ich mir nicht vorgenommen hätte, alles, was mich zum Thema Freundschaft beschäftigt, genauer unter die Lupe zu nehmen und von verschiedenen Standpunkten zu betrachten.

Freundschaft fordert nicht

In vielen Diskussionen, die ich mit Freunden und Bekannten über das Thema Freundschaft geführt habe, war mein Standpunkt immer: Eine wahre Freundschaft verlangt nichts, auch keine gemeinsam verbrachten Pflichtstunden zwecks Freundschaftspflege. Freundschaft fordert nicht, denn eine wahre Freundschaft bedeutet für mich, dass ich sagen kann: Ich sehe dich zwei Jahre nicht. Wir haben auch in den zwei Jahren selten miteinander telefoniert. Aber wenn wir uns wiedersehen, dann fallen wir uns in die Arme und machen genau an dem Punkt weiter, wo wir uns damals verabschiedet haben. Mit derselben Vertrautheit, Offenheit und Ehrlichkeit. So eine Freundschaft setzt für mich allerdings auch voraus, dass gewisse Parameter, die für mich zu einer Freundschaft gehören, auch in Zeiten der Funkstille gelten. Wenn ich also drei Jahre nichts von einer Freundin gehört habe, und auf einmal kommt aus dem Nichts ein Hilferuf, dann muss ich auch helfend da sein. Ohne Wenn und Aber.

Es gibt Menschen, die sehen das anders als ich. Sie sagen: »Nein, das ist falsch!« Eine Freundschaft bedeutet, dass man sich regelmäßig sieht, miteinander telefoniert und sich umeinander kümmert. Freundschaft ist wie eine Pflanze: Die muss ständig gehegt und gepflegt werden. Die braucht Wasser, die braucht Licht, die braucht Schatten und viel Liebe. Die braucht Ruhe, die braucht alles. Nur so wird eine Freundschaft richtig gelebt und gewürdigt. Nicht dass ich das verneinen würde, im Gegenteil: Wenn zwei Menschen auf diese Art und Weise ihre Freundschaft leben, dann ist das doch wunderbar. Wir Menschen sind nicht alle gleich, und nicht jeder hat dieselben Bedürfnisse wie seine Mitmenschen. Also gibt es auch unterschiedliche Wege, eine Freundschaft zu gestalten. Klar, jetzt möchten mir einige vielleicht spöttisch zurufen: Das sagt der Herr Lichter ja nur, weil er lieber arbeiten geht, als sich um seine Freunde zu kümmern!

Darüber habe ich auch nachgedacht, und wie ich schon angedeutet habe, bin ich etwas verunsichert. Habe ich es nicht schon oft bedauert, dass ich nicht mehr Zeit mit Freunden verbracht habe? Ja, habe ich, aber das bedeutet für mich nicht zwingend, dass ich der »Freundschaft ist wie eine Pflanze«-Theorie bedingungslos zustimme. Ich bin eher der Ansicht, dass es unterschiedliche Arten von Freundschaften gibt. Ich finde meine Position sehr logisch und einleuchtend.

Anhand meiner Mutter möchte ich ein Beispiel für meine Theorie geben: Als ich aus dem Rheinland in den Schwarzwald gezogen bin, war meine Mutter sehr stinkig. Ich sagte ihr damals: »Mutter, du kannst jederzeit zu uns kommen, und wenn du uns brauchst, sind wir da!« Und wir haben es ja auch bewiesen. Als sie krank wurde, waren wir ab dem Tag sofort da, und viele andere, die permanent um sie herum waren und sich als Freunde bezeichnet haben, die haben sich stiekum verdünnisiert. Ich habe aber nicht nur gehandelt, wie ich gehandelt habe, weil es um meine Mutter ging. Das hätte ich auch für einen Freund getan. Wer ist also der wahre Freund: der, der da ist, wenn du ihn brauchst? Oder ist es der, der die Freundschaft pflegt, aber verloren geht, wenn sie strapaziert wird?

Wir Menschen sind schnell dabei, gutmeinende und wohlklingende Plattitüden über freundschaftliche Hilfsbereitschaft zu verklappen. Worte kosten ja auch erst mal nichts.

Ich erinnere mich an eine Geschichte, die mir ein Freund erzählt hat. Ein Bekannter von ihm hatte seine Frau an das Arschloch Krebs verloren. Nach der Beerdigung kamen in der Gastwirtschaft viele Menschen auf ihn zu: Paul, mein herzliches Beileid. Wenn ich dir irgendwie helfen kann, sag einfach Bescheid, dann komme ich! Und Paul, der todtraurige Witwer, der alles regeln musste, sagte zu einigen dieser Leute, die er als Freunde empfand: Ja, du kannst mal meinen Rasen mähen, ich komme gerade nicht dazu! Du kannst mir auch gern was einkaufen oder beim Bügeln helfen!? Das überforderte leider alle, wie traurig. Lippenbekenntnisse, sonst nichts. Wie sagte Erich Kästner doch: »Es gibt nichts Gutes, außer: Man tut es.« Oder, wie ich gerne sage: Es gibt Menschen, die sind nur für gute Zeiten.

Diese Geschichte zeigt, dass wir uns im Miteinander mit Freunden gerne auf Worten ausruhen. Klingt ja auch super, wenn man vor versammelter Mannschaft schwadroniert, dass man die Hilfsbereitschaft in Person ist. Wie Mutter Teresa, nur besser. Denn wenn man Mutter Teresa nachts um drei angerufen hätte, weil man in der Walachei mit dem Auto liegen geblieben ist – dann wäre die ja gar nicht gekommen, weil sie kein Auto und keinen Führerschein hatte! Ich frage mich oft, wer von meinen Freunden wirklich nachts um drei Uhr aus dem Bett springen würde, wenn ich anrufen würde! Es hört sich halt gut an, und man benutzt diese Phrasen oft, um den Wert einer Freundschaft besonders herauszustellen. Bestimmt habe ich so einen ähnlichen Schmu auch schon mal von mir gegeben.

Mittlerweile denke ich leicht sarkastisch: Vielleicht möchte ich meine echten Freunde gar nicht kennenlernen? Wenn sich doch wirkliche Freundschaft in schlechten Zeiten bewähren muss, dann will ich gar nicht wissen, wer meine richtigen Freunde sind.

Denn wenn wir schon bei Befürchtungen sind – wer kennt nicht eine der traurigsten Binsenweisheiten zum Thema Freunde: Bei Geld hört die Freundschaft auf. Gegenfrage, mit der ich mich vielleicht noch beschäftigen muss: Fängt sie beim Geld erst an? Ich glaube, dass mich diese ganzen Sprichwörter, Volksweisheiten und Aphorismen zum Thema Freundschaft nicht wirklich voranbringen in meinem Bestreben, der wahren Freundschaft auf die Spur zu kommen. Natürlich steckt in all den Sprüchen und Klischees immer ein Korn Wahrheit. Manchmal auch ein Doppelkorn. Oder ein voller Kornspeicher. Aber eben auch nur manchmal.

Eine Freundschaft kann auch in guten Zeiten Erstaunliches leisten, denn Wissenschaftler – Ärzte, Soziologen und Psychologen – haben herausgefunden, dass wir gesünder leben, eine positivere Lebenseinstellung und sogar eine höhere Lebenserwartung haben, wenn wir uns mit guten Freunden umgeben. Zu einigen dieser Thesen komme ich noch im Verlauf dieses Buches. Ich frage mich, ob es ein paar Merkmale von Freundschaft gibt, auf die sich eine große Schnittmenge von Menschen einigen können und die von wissenschaftlichen Studien gestützt werden. Was braucht eine richtige Freundschaft denn nun wirklich? Kann uns die Wissenschaft weiterhelfen oder wenigstens Anhaltspunkte geben?

Eine Studie mit 355 Probanden von Wissenschaftlern aus dem Bereich der Soziologie und der Psychologie unter der Leitung des Beziehungsforschers Jeffrey A. Hall hat herausgefunden, dass eine gute Freundschaft vor allem Zeit braucht. Ab 140 gemeinsam verbrachten Stunden redet man von einer guten Freundschaft, ab 300 Stunden reicht es schon für eine tiefe Freundschaft. Gut, dass es »ab« heißt und um die ersten Wochen einer Freundschaft geht, denn: 5,83 gemeinsam verbrachte Tage empfinde ich für eine gute Freundschaft nicht als besonders viel Zeit. Bei 300 Stunden sind es zwar schon 12,5 Tage, aber ich hätte aus dem Gefühl heraus geschätzt, dass man für eine richtig tiefe Freundschaft 500 gemeinsame Tage auf dem Tacho haben muss. Die Forschung kann also das Phänomen Freundschaft auch nicht wirklich festnageln, sondern nur etwas genauer einkreisen. Dazu später mehr.

Ich möchte an dieser Stelle lieber meine Gedanken um etwas anderes kreisen lassen. Freunde und Freundschaft begleiten uns unser ganzes Leben lang, und wie wir wissen, haben sich die alten griechischen Philosophen auch schon mit dem Thema befasst.

Die Kunst ebenfalls: In Büchern und Texten, in Bildern, Liedern, Filmen – Freundschaften sind seit Tausenden von Jahren ein Mythos der Menschheit. Schon als Kinder werden wir mit berühmten Freunden konfrontiert und durch die Art ihrer Freundschaft geprägt. Bevor ich also die Soziologen und Wissenschaftler bemühe, möchte ich euch ein paar allseits bekannte Freunde vorstellen, die ihre großen Spuren nicht nur in meinem Leben hinterlassen haben.

Vorbilder, Entstehung und Entwicklung von Freundschaften

Auch für Freundschaften und Freunde gilt: Kinder brauchen Vorbilder. Die Eltern sind wichtig, ältere Geschwister und unsere Erlebnisse im Kindergarten, in der Schule oder auf der Straße. »Auf der Straße« war bei mir früher das, was die Kinder heute auf dem Spielplatz, im Sportverein oder eben immer noch draußen erleben. Das prägt uns, aber mindestens genauso wichtig sind die Freundespaare, die wir aus Büchern, von Hörspielen, aus dem Kino oder dem Fernsehen kannten und geliebt haben. Das war bei mir nicht anders: Winnetou & Old Shatterhand, Asterix & Obelix, Laurel & Hardy (die bei uns noch als Dick & Doof oder Stan & Ollie bezeichnet wurden), Tom & Jerry, Die drei ??? oder die Jungens von Burg Schreckenstein.

Speziell Karl Mays Romanhelden Winnetou und Old Shatterhand begeistern bis heute Jung und Alt. Die erfundene Freundschaft zwischen einem Häuptling der Mescalero-Apachen und einem deutschen Ingenieur im Wilden Westen war so besonders, dass May sie sogar noch veredelte: Die beiden Freunde wurden Blutsbrüder. Dass es dieses Ritual unter den Ureinwohnern Amerikas nicht gegeben hat, spielt natürlich in der Fantasie keine Rolle – als Knirps war ich fasziniert von diesem Zauber der reinen, durch Blut besiegelten Freundschaft. Dem blinden Verständnis, dem unerschütterlichem Vertrauen, der tiefen Liebe und dem ungeheuren Respekt, mit dem sich meine Helden begegneten. Und nicht nur einander! Nein, Winnetou und Old Shatterhand waren Menschenfreunde, sie achteten jedes Leben ungeachtet der Herkunft und des Glaubens, solange die anderen auch freundlich waren. Wenn das nicht der Fall war, dann mussten sie allerdings im äußersten Notfall auch abgemurkst werden.

Natürlich gibt es auch die Kritiker, die rummaulen, »das ist doch alles frei erfunden!«, die sagen, in Karl Mays Augen sei Winnetou ja nur so edel, weil er sich wie sein christlicher, bleichgesichtiger Kumpel Old Shatterhand benehme und von einem weisen deutschen Lehrer namens Klekihpetra erzogen worden sei. Mag sein, in diese Diskussion möchte ich mich nicht einmischen. Die Gedanken sind frei. Aber manchmal denke ich: Wenn alle, die als Kinder diese Bücher gelesen und geliebt haben, ihre Freunde und Mitmenschen so achten würden, dann wäre uns gesellschaftlich schon sehr geholfen. Abgesehen vom Abmurksen der Bösen, natürlich.

Ist das nicht ein schöner Gedanke? Freundlich sein zu allen Menschen, egal welcher Religion und Hautfarbe? Freundschaft mit Werten leben wie Vertrauen, Respekt und Liebe? Ich finde es wunderbar. Jetzt kann natürlich der eine oder andere Leser sagen: Gut, das ist ja auch eine Freundschaft auf Augenhöhe, zwischen zwei Männern mit den gleichen intellektuellen und körperlichen Fähigkeiten. Premium-Kumpels! Ob die auch so super befreundet wären, wenn Old Shatterhand wie Stan Laurel, der »Doofe« vom Komikerduo Laurel & Hardy, gewesen wäre – ich weiß ja nicht, ob das gepasst hätte!

Dick & Doof – oder auch Stan & Ollie – waren auch beste Freunde, aber ganz anders als unsere Westernhelden. Während diese Freunde ihre Probleme meist durch Intelligenz, Mut und körperliche Fitness siegreich bewältigten, legten Stan Laurel & Oliver Hardy oft alles in Schutt und Asche mit dem Resultat, dass sie als Deppen vom Platz ziehen mussten. Ihre Freundschaft war gezeichnet von häufigen Streitereien, Missgunst und Respektlosigkeiten. Während Stan den einfältigen, doofen und etwas ungeschickten Part darstellte, spielte der dicke Oliver Hardy den scheinbar klugen, überlegenen Wichtigtuer, der sich meistens als genauso dämlich wie sein Freund Stan herausstellte. Wahrscheinlich waren sie auch deswegen Freunde, weil sie am Ende für alle ersichtlich doch auf Augenhöhe waren. Mir war immer Stan Laurel, der offensichtlich Doofe, viel sympathischer als der angeberische Hardy.

Aber was kann man von ihrer Freundschaft für das echte Leben lernen? Obwohl man es vielleicht nicht so plakativ sieht wie bei Winnetou & Old Shatterhand: Am Ende lassen sich auch Stan & Ollie nie im Stich und trotz aller Nickeligkeiten, mit denen sie sich gegenseitig traktieren, nicht auseinanderbringen. Sie bleiben immer Freunde und stehen fest zueinander, auch wenn sie am Ende nicht gewinnen. Loyalität, Hilfsbereitschaft und die Fähigkeit, sich trotz ständiger Konflikte am Ende immer wieder zusammenzuraufen, sind auch bei Dick & Doof tragende Pfeiler ihrer Freundschaft.

Eine weitere legendäre Freundschaft, die 300 Millionen Menschen weltweit begeistert, ist die von Asterix & Obelix. Hatten wir bisher Freundschaften, in denen die Freunde intellektuell gesehen auf demselben Level waren, ist es bei unseren beiden gallischen Freunden doch sehr unterschiedlich: Asterix ist klein, schmächtig und klug. Obelix ist dick, stark und eher schlicht. Seine intellektuellen Fähigkeiten sind im Gegensatz zu seiner Körperkraft sehr begrenzt. Was nicht schlimm ist, denn er ist kein Bösewicht.

Hier erleben wir als Leser der »Asterix«-Comics, dass zwei Freunde sehr unterschiedlich sind, aber gerade das macht sie zu einer unbesiegbaren Einheit. Sie ergänzen sich, ohne Obelix' Riesenkräfte und seine bedingungslose Freundschaft wäre Asterix oft verloren und ernsthaft in Gefahr.

Das finde ich auch eine wunderbare Botschaft: Wir Menschen haben Stärken und Schwächen. Aber Freundschaft kann enorm von diesen unterschiedlichen Stärken und Schwächen zweier Menschen profitieren. Man ergänzt sich perfekt, was der eine nicht kann, das kann der andere, und umgekehrt. Wichtig sind auch bei dieser Beziehung nur die bedingungslose Loyalität und der Zusammenhalt, auch wenn es manchmal im Getriebe knirscht.

In anderen Filmen, Comics und Büchern stoßen wir auf die berühmte Freundschaft, »die nicht sein darf« beziehungsweisen sein kann. Das erleben wir oft in Fantasy- oder Cartoon- und Animationsfilmen, speziell Disney bedient sich gerne solcher Freundschaftsmodelle: Cap & Capper (Fuchs & Hund), Mogli & Balu (Mensch & Bär), Simba,

Pumbaa & Timon (Löwe, Schwein & Erdmännchen) sollen dem Zuschauer klarmachen, dass eine richtige Freundschaft über biologische und genetisch bedingte Unterschiede hinweg möglich ist.

Will sagen: Falls Simba, der Löwe, ordentlich Kohldampf hat, dann holt er sich lieber ein Backfischbrötchen, anstatt seinen lieben Freund Pumbaa zwischen Brötchenhälften zu legen und mit Wonne zu verputzen. Gute Freunde isst man nämlich nicht! Bei Cap, dem Fuchs, und Capper, dem Hund, hatte ich immer das Gefühl, dass das eigentliche Böse nicht im Wesen des Tieres ist, sondern durch dumme und böse Menschen entsteht. Wie sagt man doch oft auch bei Hunden, die als böse und gefährlich gelten: Das Arschloch ist meistens am anderen Ende der Leine.

Dass Menschen und Tiere wie Hunde, Katzen oder Pferde Freunde sein können, darüber gibt es sicherlich genauso viele erfundene wie wahre Geschichten, darauf möchte ich später noch in einem eigenen Kapitel eingehen. Dass Mogli allerdings nicht dauerhaft bei seinen tierischen Kumpels im Dschungel leben kann, wird selbst im Disney-Film eingesehen. Trotzdem mag ich die Botschaft dieser Märchengeschichten sehr und finde sie auch für Kinder, ja selbst für uns Erwachsene wichtig: Liebe, Zuneigung, Respekt und Hilfsbereitschaft kann Unterschiedlichkeiten wie Herkunft, Stand und Erziehung überwinden. Und so kann selbst ein Schneemann wie Olaf zum echten Freund zweier Prinzessinnen werden und selbstlos sagen: »Manche Menschen sind es wert, dass man für sie schmilzt!« Und hat nicht Pu der Bär einfach nur recht, wenn er feststellt: »Ein Tag ohne einen Freund ist wie ein Topf ohne einen einzigen Tropfen Honig darin!«

Deswegen ist es wichtig, dass wir Geschichten über Freundschaften lesen, sehen oder weitererzählt bekommen.

Sie sind einfach ein wunderbares Medium, um uns Menschen immer wieder zu zeigen, dass wir Freunde haben können, die uns ähnlich sind oder eben auch nicht, denn Freundschaft entsteht ja hauptsächlich durch Zuneigung, Sympathie, Unterstützung und Vertrauen.

Verwandtschaft wurde zwar bis ins 17. Jahrhundert im deutschsprachigen Raum als Synonym für Freundschaft benutzt, also praktisch als gleich angesehen, aber wie heißt es doch so schön im Volksmund: Freunde kann man sich aussuchen, Verwandtschaft nicht. Eine Kinderfreundschaft wie zwischen meiner Cousine Elke und mir kann entstehen, ist aber nicht zwangsläufig vorherbestimmt, weil wir miteinander verwandt sind. Die Frage, die ich an dieser Stelle spannend finde – nachdem ich die verschiedenen Freundschaftsvorbilder aus Büchern, Filmen und Comics beleuchtet habe –, ist: Wieso freunden sich zwei Menschen überhaupt miteinander an, wie entsteht und entwickelt sich Freundschaft? Gibt es bestimmte Voraussetzungen, dass eine freundschaftliche Beziehung sich festigen kann?

Wenn ich so darüber nachdenke und meine eigene Kindheit Revue passieren lasse, dann gab es für meine ersten Freundschaften einen ganz einfachen Grund: Im Dorf habe ich mit den Nachbarskindern auf der Straße gespielt, also spielt die nähere, nächste Umgebung bestimmt eine große Rolle. Dazu kommen heute der Kindergarten und die Schule, sicher auch Verwandtschaft sowie Sportvereine oder andere Hobbys. Aber bei mir damals, Ende der Sechzigerjahre, war der größte Faktor für meine erste Freundschaft, dass wir in derselben Straße gewohnt haben. Ich glaube, das kann so ziemlich jeder bestätigen, weil man es so erlebt: Man hat sich mit jemandem angefreundet, weil man Nachbarn, gemeinsam im Kindergarten, Klassenkameraden in der Schule oder später Berufskollegen war. Das klingt nicht besonders mythisch und schicksalsschwanger, sondern eher banal. Wenn ich weiter überlege, kann ich mir gut vorstellen, dass es wichtig ist, die Leute, die mal unsere Freunde werden sollen oder wollen, regelmäßig zu sehen. Is ja klar, macht Sinn. Wenn ich jemanden sympathisch finde und den regelmäßig sehe, dann wächst natürlich auch mein Interesse, diesen Sympathikus besser kennenzulernen. Ansonsten – und das kennen wir ja auch alle – gibt es auch Leute, die man auf den ersten Blick unsympathisch findet. Um die macht man möglichst einen großen Bogen, da möchten wir keine unnötige Nähe schaffen.

Sind wir uns aber sympathisch und arrangieren erste Treffen, dann muss das Gefühl der Sympathie gefestigt und vertieft werden, sonst wird es nix mit einer tiefen Freundschaft. In einem Artikel der Sozialpsychologin Beverley Fehr, die seit Langem untersucht, wie Freundschaften entstehen, habe ich gelesen, dass sich Vertrauen aufbaut, wenn zwei Menschen im Laufe ihrer ersten Begegnungen immer ein Stück mehr von sich selbst offenbaren.

Zusammengefasst habe ich das so verstanden: Selbstoffenbarung, Persönliches preisgeben, das alles schafft Vertrauen und festigt das Verbindungsgefühl zwischen Menschen. Je häufiger wir also Kontakt mit jemandem haben und mit der entsprechenden Person Vertrautheit erleben, desto wohler fühlen wir uns. Das kann ich für mich unterstreichen: Dieser Wohlfühlfaktor, den ich so liebe, wenn ich mich in Gesellschaft guter Freunde befinde, ist für mich ganz wichtig, quasi das Sahnehäubchen auf dem Freundschaftskuchen.

Und noch etwas habe ich gelesen: Wenn wir uns mit denselben Menschen umgeben und vertrauter mit ihnen werden, entsteht ein Effekt, den ein Wissenschaftler namens

Robert Zajonc 1968 erfunden hat und den man Mere-Exposure-Effekt nennt: Je häufiger wir mit Menschen zusammenkommen, die wir nett finden und denen wir vertrauen, desto größer ist die Wahrscheinlichkeit, dass wir sie sympathisch oder sogar attraktiv finden.

Simpel ausgedrückt: Je mehr Kontakte Menschen miteinander haben, desto größer wird die Wahrscheinlichkeit, dass sie auch Freunde werden. Das gilt im Übrigen auch für zufällige Kontakte. Und wenn man jemanden doof findet, dann wird er einem in der Regel noch viel unsympathischer. Aber mit Arschlöchern wollen wir uns in diesem Buch ja nicht beschäftigen, das habe ich bereits in einem anderen Buch gemacht. Deswegen bleiben wir an dieser Stelle einfach bei den lieben Menschen.

Meine persönlichen Erfahrungen hauen in dieselbe Kerbe: Ich fühle mich am wohlsten, wenn ich jemandem vertrauen kann, wenn ich das gute Gefühl habe, dass meine ehrlich geäußerten Gefühle und Empfindungen respektiert und erwidert werden. Eine Freundschaft ist für mich »heiliger Boden«, ein Safe House, in dem ich keine Angst haben muss, dass ich verletzt werde, nur weil ich meine wahren Gefühle offenbart habe.

In meinem Beruf wird der Begriff Freundschaft leider oft sehr inflationär benutzt, man trifft viele nette Leute, und durch ein gemeinsames Projekt verbringt man etwas Zeit miteinander. Diesen Zeitraum angenehm zu gestalten ist ein verständlicher Wunsch, deswegen zeigen sich meistens alle Beteiligten von ihrer Schokoladenseite. Da kommt der eine oder andere schnell in Versuchung, beim Drehschlussbierchen an der Bar verbindliche Nettigkeit mit vertrauensvoller Freundschaft zu verwechseln, und plaudert Geschichten aus dem persönlichen Nähkästchen aus, die dann schnell die Runde machen oder an die Presse weitergegeben werden. Diese bittere Erfahrung musste ich auch machen, denn ich bin jemand, der Menschen ja erst mal grundsätzlich sehr mag. Ich werde oft angesprochen, und wenn ich Leute sympathisch finde, dann bin ich auch neugierig und interessiere mich für das, was mein Gesprächspartner mir erzählt. Zu oft habe ich in solchen Situationen das Herz auf der Zunge gehabt und es hinterher bereut.

Das passiert mir natürlich auch im privaten Alltag: Ich sitze irgendwo allein im Café oder Hotelrestaurant und werde nett von Menschen angesprochen. In der Regel antworte ich höflich und habe auch nichts gegen ein interessantes Gespräch, wenn ich die Leute als angenehm empfinde. Aber ich muss noch mehr lernen, mich Fremden gegenüber – und seien sie noch so sympathisch – nicht in der gleichen Weise zu öffnen, wie ich es bei meinen Freunden mache. Trotz aller Sympathie. Vielleicht vergesse ich das so oft, weil ich solche Gespräche und Begebenheiten schnell wieder vergesse, manchmal schon Stunden später.

Das kann auch peinlich sein, wenn die Leute mich am nächsten Tag oder ein paar Wochen später wiedersehen, aber ich die Gesichter und Gespräche vergessen habe, was meine Frau, wenn sie bei solchen Vorfällen mit von der Partie war, manchmal zur schieren Verzweiflung treiben kann. Sie ist der Ansicht, dass ich mit meiner offenen, sympathisch-vertraulichen Art fremden Menschen zu viel Nähe signalisiere. Nähe, die sie glauben lässt, dass da eventuell noch mehr stattfinden könnte als nur ein Gespräch. Sie schimpft dann immer und versucht mir klarzumachen, dass bestimmte Geschichten und persönliche Gedanken einfach bei Freunden besser aufgehoben sind als bei diesen Moment-Kumpeleien, seien sie auf den ersten Blick auch noch so freundlich.

Mir fällt das schwer, denn ich denke natürlich oft: So bin

ich eben, was kann ich dafür, dass ich Menschen mag und begeisterungsfähig bin. Ich bewundere gerne Leute, das habe ich schon immer gemacht. Damals zum Beispiel, bei meinem Freund Peter.

Peter war so eine Art Idol für mich, ich habe ihn von Anfang an unglaublich gemocht und zu ihm aufgeschaut. Er war zwei Jahre älter als ich, das war damals ein größerer Unterschied als heute. Wenn jemand seinerzeit zehn Jahre alt war, dann warst du mit acht Jahren praktisch ein Hosenscheißer für den. Im Erwachsenenalter sind zwei Jahre nicht mehr so krass. Aber damals, bei uns im Dorf auf der Straße, da war das ein ganz schöner Altersabstand. Doch Peter war das egal, der hat das einfach ohne viel Federlesens ignoriert. Der hat mich einfach so genommen, wie ich bin. Vielleicht hat er meine Bewunderung sogar bemerkt, aber er hat sie nie ausgenutzt. Da kam nie etwas wie »Horst, kauf mir mal ein Eis« oder so ein Mist – nein, Peter mochte mich, ich mochte Peter. Wenn wir uns trafen, waren wir auf Augenhöhe, obwohl ich mich gar nicht auf Augenhöhe mit ihm gefühlt habe. Aber das war wohl mehr mein Problem, denn Peter hat mich ja auch zu seinen Geburtstagen eingeladen, obwohl seine gleichaltrigen Freunde bestimmt gedacht und auch gesagt haben: »Wat willste denn mit dem Schnulli?« Das war's.

Als ich fünfzehn Jahre alt war und mit meinem kleinen Mofa rumeierte, besaß Peter das Moped meiner Träume: eine Hercules K50 in Blau, mit diesen wunderbaren Speichen und dem schönen Lenker. Ich war besessen von dem Geschoss, aber Peter mit seinen siebzehn Jahren träumte wahrscheinlich schon von einer 750er Honda CB. Um irgendwie mit seiner Hercules Zeit zu verbringen, bot ich Peter an, das Teil zu putzen. Umsonst!

Aber Peter meinte nur: »Auf keinen Fall, Horst, kommt nicht in die Tüte. Ich gebe dir fünf Mark.«

Dann habe ich das Moped bei uns in die Einfahrt geschoben und geputzt, als würde ich für den Papst den Petersdom durchfeudeln. Die Speichen einzeln gewienert, bis die Finger blutig waren, und gehofft, dass irgendeiner vorbeikommt und dachte, dass dieses Träumchen von einem Moped mir gehört. Was habe ich mir da zusammengesponnen, Herrschaften. Nach dem Putzen habe ich sie dann sauber und behutsam wie ein rohes Ei zurückgeschoben und mir immer wieder vorgestellt, wie ich stolz wie Oskar mit ihr davonbrausen würde.

Mein Freund Peter schien meine sehnsüchtigen Gedanken erraten zu haben und meinte eines Tages ganz locker zu mir: »Horst, du brauchst nicht zu schieben. Kannst auch ruhig mal damit fahren.«

Ich konnte es nicht glauben und fragte noch dreimal nach, aber Peter blieb dabei.

Also fuhr ich die fünfhundert Meter mit meinem Traum die Straße runter. Es war wie ein schöner Film, ein »Easy Rider«-Moment der Glückseligkeit. Dumm war nur, dass ich das Dingen gar nicht fahren durfte ohne Führerschein. Für mein Mofa brauchte ich keinen Lappen, aber für die Hercules benötigte man einen Führerschein Klasse 4. Na ja, was sollte schon passieren, dachte ich und wurde prompt von der Polizei erwischt.

Die wollten natürlich meinen Führerschein sehen, weil ich so sportlich schnell durchgestartet und zu schnell ins Dorf gebrettert war. Da habe ich natürlich erst mal einen auf Vergesslichkeit gemacht, schön langsam alle Taschen abgesucht und verzweifelt gesucht: Gibt's doch gar nicht, der ist doch sonst immer in der Innentasche im Portemonnaie, den muss ich wohl zu Hause vergessen haben, Herr Wachtmeister. Aber die Jungs waren nicht aus Dummsdorf, die haben wahrscheinlich meinen Angstschweiß durch die Lederjacke gerochen.

»Ja, kein Problem«, sagte der eine Polizist noch freundlich, während der andere schon zweifelnd guckte, »dann fahren wir jetzt mal zu dir nach Hause hinterher!«

Ab da rutschte mir mein Herz erst recht Richtung Feinripptempel. Ich dachte nur: »Scheißdreck, wenn meine Eltern da sind, dann bricht die Hölle los!« Aber es nutzte ja alles nix, ich stieg also wieder auf Peters Moped und fuhr los. Die Herren von der Polizei schön hinter mir her bis nach Hause. Endlich angekommen – nie wieder sind mir zweihundert Meter so elendig lange vorgekommen –, fuhr ich das Moped auf den Hof, stellte es ab und ging ins Haus. Die Polizisten blieben im Wagen und machten nur ihre Autotüren auf.

Was gut war: Gott sei Dank waren meine Eltern nicht da. Was schlecht war: Ich hatte natürlich immer noch keinen

Führerschein, den ich den beiden Gesetzeshütern hätte präsentieren können. Also entschloss ich mich zur Flucht nach vorne.

Ich stiefelte wieder raus auf den Hof, mit reuevollem Hundeblick und zerknirschtem Gesicht: »Ähm, ich muss etwas gestehen – ich hab keinen Führerschein.«

Natürlich wurde es sofort ernst, die Jungs waren schnell aus dem Streifenwagen raus und wurden oberamtlich. Verständlicherweise. Erste Frage war natürlich, wem das Moped gehört. Ob ich das geklaut hätte!

Jetzt bekam ich richtig Schiss: »Nein, nein, das gehört dem Peter, der wohnt da oben!«

»Weiß der, dass du damit fährst?«

»Nein, das habe ich mir unerlaubt genommen!« Das musste ich natürlich sagen, sonst hätte ich meinen Freund mit reingerissen in den ganzen Schlamassel. Dann durfte ich natürlich die schöne Hercules den ganzen Weg zurück zu Peters Elternhaus schieben, die Polizei juckelte im Schritttempo hinterher. Bei Peter angekommen, musste ich die Klappe halten, und er wurde natürlich informiert, dass ich sein Moped ungefragt entwendet hätte. Die Polizisten fragten gleich, ob er Anzeige gegen mich erstatten wollte.

Peter wusste natürlich gleich, was lief, und spielte gut mit. Er sagte: »Nein, alles gut, ich kenne den Jungen, der ist eigentlich ganz okay!« Gleichzeitig tat er so, als wenn er richtig sauer über die ganze Chose war. Irgendwann war dann der Papierkram erledigt, und die Polizei fuhr vom Hof. Mein Freund war natürlich nicht wirklich sauer auf mich, aber in einer Sache hatte er natürlich völlig recht: »Alter, das gibt 'ne Anzeige, das gibt noch richtig Ärger!«

So kam es auch. Ein paar Wochen konnte ich das zu Hause noch verheimlichen, aber eines Tages kam ich von der Arbeit nach Hause und wurde schon von meinen Eltern am

Küchentisch erwartet. Auf dem Tisch lag die Anzeige. Vater sagte nichts, der guckte nur stumm. Aber Mutter machte ein Riesentheater. Sie schrie mich an, es hörte überhaupt nicht auf: Ich wäre jetzt kriminell, ob das der Dank wäre für all die Erziehung und Arbeit, die sie mit mir gehabt hätten. Kriminell, das hörte sich auch in meinen Ohren nicht wirklich gut an. Und dann ging es nach Grevenbroich, vor Gericht. Ich musste mit Vater hin, da meine Mutter sich geweigert hat. Sie lehnte es ab, mitzukommen, weil sie nicht mit ihrem kriminellen Sohn, diesem Verbrecher, vor Gericht stehen wollte.

Da saß ich also im Flur auf der Bank mit meinem Vater vor dem Gerichtssaal.

Irgendwann kam ein junger Mann und sprach mich an: »Wieso sitzt du denn da bedröppelt? Was hast du denn angestellt?«

Ich war eh schon so klein mit Hut und erzählte ihm reuevoll meine Schandtat, ohne irgendetwas zu beschönigen.

Der Mann hörte aufmerksam zu und meinte dann rustikal ehrlich, das wäre natürlich eine richtige Scheißnummer – da müssten wir mal schauen, wie wir das wieder ins Lot bekämen. Sprach's, ging in den Gerichtssaal und setzte sich an den Richtertisch.

Ich dachte nur: »O Schreck, das ist mein Richter!« Aber es ging dann alles ziemlich glimpflich aus: vierzig Mark und Sozialstunden.

Dann ergriff mein Vater das Wort und erklärte dem Richter, dass ich keine Zeit für Sozialstunden hätte, weil ich so hart arbeiten würde. Sechs Tage die Woche, von 7 bis 23 Uhr. Und mittwochs ja noch den Nebenjob.

Der Richter hörte aufmerksam zu und sagte: »Pass auf, Junge. Ich sehe ja, was los ist – und ich habe gehört, was dein Vater gesagt hat. Du scheinst kein schlimmer Finger zu sein. Wir belassen es bei vierzig Mark und streichen die Sozialstunden.«

Schwein gehabt, dank Papa. Ich habe die vierzig Mark bezahlt und hatte aber noch sehr lange Theater zu Hause wegen der Nummer. Kinders, leck mich am Hintern, was gab es dafür noch lange Stunk in der Bude, vor allem mit Mutter.

Peters und meiner Freundschaft hat das alles natürlich nicht geschadet, aber ich war erst mal geheilt und ab da nicht mehr an illegalen Aktionen interessiert. Peter war immer noch mein Idol, warum auch nicht – ich hätte ja nicht mit seinem Moped fahren müssen. Wenn ich an meine Freundschaft mit Peter denke, wird mir klar, dass ich von Anfang an immer zu Peter hochgeschaut habe, er war mein Jugendheld.

Wir haben uns die nächsten Jahrzehnte nie wirklich aus den Augen verloren, waren aber auch nicht dicke Freunde. Wir kannten uns, und wenn man sich bei mir oder ihm traf, wurde ein herrliches Schwätzchen gehalten, oder wir haben uns auf 'ne Tasse Kaffee irgendwo ins Café gesetzt. Unsere Freundschaft war nicht so intensiv wie in unserer Jugend, sie hatte sich verändert, so wie wir auch. Familie und berufliche Verpflichtungen treten nun mal ab einem gewissen Alter in den Vordergrund. Aus mir war im Laufe der Jahre der »Fernseh-Horst« geworden, Peter hatte auch seinen Weg gemacht.

Unsere Gespräche drehten sich immer noch um Motorräder und alltägliche Dinge, aber das war schon immer so gewesen. Auch in der Jugend war unsere Freundschaft keine von denen, wo es ans Eingemachte ging. Wir haben nie zusammen Probleme gewälzt oder uns gegenseitig das Herz ausgeschüttet. Horst und Peter waren immer Mopeds und Schrauben. Und danach kamen gleich … Mopeds und

Schrauben, genau. Vor ungefähr zwanzig Jahren, bevor ich in den Schwarzwald umgesiedelt bin, ereignete sich eine schöne Geschichte, die unsere Freundschaft gut widerspiegelt.

Eines schönen Tages bekam ich eine Nachricht von Peter: »Hallo Horst, ich habe vier Kisten Bier gefunden. Die sind seit zwei Jahren abgelaufen. Ich habe ein paar alte Kumpels zusammengetrommelt. Wäre schön, wenn du dabei bist, wenn wir die plattmachen.« Datum und Ort dazu, fertig. Ein typischer Peter, diese Art von Nachrichten haute er zwischendurch gerne raus.

Ich habe nicht lange überlegt und bin hingefahren, trotz vieler Arbeit. Aber viel Arbeit habe ich ja immer, und der Wunsch, mit Peter und den Jungs abzuhängen, war viel stärker als meine Bedenken. Die hatte ich natürlich auch – was war, wenn Peter mich nur eingeladen hatte, um mit seinem berühmten Fernsehfreund anzugeben? Solche Erfahrungen musste ich des Öfteren erleben, und ich habe sie immer verflucht. Aber meine Gefühle für Peter waren stärker als meine Befürchtungen. Und wie ich mich so freute, dachte ich zurück an die Hercules K50, mein Traummoped. Sah mich wieder in unserer Hofeinfahrt sitzen und voller Glück die Speichen blitzblank putzen. Die Glückshormone purzelten durch meinen Kopf. Das Beste war ja, dass ich mir mittlerweile selbst so eine Hercules gekauft hatte. Das gleiche Modell, dieselbe Farbe, ich hatte eine Eins-zu-eins-Kopie von Peters blauer K50 in meiner Garage stehen. Plötzlich kam mir eine Idee: Ich wusste, dass Peter auch so eine Hercules suchte, weil er sich alle Mopeds seiner Jugend sozusagen auf Wiedervorlage gelegt hatte. Also beschloss ich spontan, ihm meine zu schenken. Ich fuhr zum Treffen in meinem Sprinter und hatte hinten die K50 im Laderaum festgezurrt.

Es war ein wundervoller Abend. Lachen, Schwärmen, Benzingespräche, Bratwurst und Bier aus der Flasche. Freunde unter sich beschworen noch mal die alten Zeiten, erzählten sich von den neuesten Motorradtouren. Alle waren in diesem Moment gleich, es fragte keiner, was du hast oder wer du bist. Peter führte mich nicht vor à la »Hier ist der Horst, mein berühmter Freund«, sondern ich war einfach nur sein alter Buddy Horst, der Junge aus demselben Dorf. Als es Zeit wurde, aufzubrechen, nahm ich Peter beiseite: »Jung, komm mal mit runter zum Sprinter!«

Ich machte den Wagen auf, holte die Hercules raus und stellte sie vor ihm ab. Er guckte mich etwas irritiert an, also sagte ich einfach: »Peter, pass auf. Ohne großen Zirkus. Dein Moped von damals. Hier, bitte schön, die schenke ich dir. Danke für den schönen Abend, ich bin jetzt weg.«

Ich musste Peter so überrumpeln und stehen lassen, denn ich wollte einfach nicht zu viel Tamtam machen. Peter sollte selbst mit dem Geschenk klarkommen. Es behalten oder wiederbringen, was auch immer. Aber nicht in einem emotionalen Verwirrzustand, sondern in Ruhe.

Peter hat sich später wahnsinnig bedankt. Die blaue K50 steht bis heute in seiner Garage auf einem Podest und macht seinem Besitzer viel Freude. Ich habe mich beim Schreiben dieser Zeilen gefragt, ob ich mit dem Geschenk nicht etwas zu dick aufgetragen habe. Was, wenn meine Großzügigkeit den guten Peter beschämt hätte? Aber damals bin ich nur meinem Herzen gefolgt.

Ich habe ihm später noch mal klargemacht, wie ich die Sache sehe: »Peter, du brauchst so ein Moped, denn du bist für mich auch dieses Moped.« Für mich war dieses Geschenk eine Herzensangelegenheit, dieses Moped war für mich ein Symbol unserer Freundschaft.

Interview mit
Nelson Müller

Mein Freund Nelson Müller ist in Ghana als Nelson Nutakor geboren worden, kam als Kleinkind zu Pflegeeltern nach Deutschland und ist in der Nähe von Stuttgart groß geworden. Später adoptierten seine Pflegeeltern ihn, und Nelson nahm ihren Namen an. Heute ist Nelson ein fester Bestandteil der Kochszene im Fernsehen, hat sich mit seinem Restaurant Schote einen Michelin-Stern erfochten, ist Gastronom und obendrein auch noch ein toller Soulsänger. Die Gastronomie ist ein hartes Pflaster, und das Showbusiness sowieso – Grund genug, um Nelson zu meinem Thema Freundschaft und Freunde zu befragen. Außerdem wollte ich von ihm wissen, wie es für ihn war, als schwarzes Kind im konservativen Schwabenländle aufzuwachsen, und ob er je Schwierigkeiten hatte, Freunde zu finden.

Lieber Nelson, ich adressiere diese Zeilen direkt an dich wie einen lieben Brief: Denn mit Sicherheit werden viele fragen, warum ich dieses Interview mit dir führe. Es hat mehrere Gründe. Als ich dich kennenlernte, bei Dreharbeiten zur TV-Sendung »Küchenschlacht«, da war ich sofort von dir begeistert. Warum? Weil du alles erfüllt hast, was ich an Menschen mag: Du warst sehr höflich, du warst sehr freundlich, du hast jeden im Team gesehen und allen »Guten Tag« gesagt, egal welche Rangfolge er hatte. Außerdem warst du damals schon das, was du heute immer noch bist: ein amtlicher Sternekoch! Das ist aller Ehren wert, damit hast du was erreicht, was ich im Kochen nie geschafft habe.

Besonders ein Erlebnis mit dir hat mich geprägt und mir gezeigt, wie sensibel du bist und wie hoch deine Ansprüche sind – vor allem an dich selbst. Es war in der »Küchenschlacht«: Ich war Juror, du warst der Moderator und hast etwas gekocht. Und du wolltest innerhalb von zehn Minuten ein herrliches Steak zaubern, mit schönen Beilagen und richtig lecker. Irgendwas lief aber schief, und das Steak ging leider in die Hose.

Ich habe es am Bildschirm draußen vor dem Studio gesehen, das Publikum im Studio. Gott sei Dank war es eine Aufzeichnung, also wurde alles wiederholt. Du hast noch mal zehn Minuten gebraucht, bis das Essen fertig und gelungen war. Es war dir unglaublich peinlich. Und als ich reinkam als Juror, war natürlich das Erste, was ich gesagt habe: »Wahnsinn, sensationell! So etwas in zehn Minuten hinzubekommen, das ist grandios, liebe Leute. Das kann nur ein Sternekoch.« Das Publikum im Studio wusste ja, was passiert war, und hat natürlich gelacht und geklatscht.

Von meiner Seite aus war es als reine, ehrliche Lobhuldigung gemeint, um das wettzumachen, was vorher passiert war – und was ja auch nie ein Fernsehzuschauer gesehen hat, weil es rausgeschnitten wurde. Aber du, du warst nicht nur betrübt, du warst beleidigt, du warst verletzt, weil du dachtest, ich wollte dich mit einem vergifteten Lob vorführen. Das tat mir unendlich leid, denn das ist das Letzte, was ich will: Ich wollte noch nie jemanden vorführen. Irgendwie ist das damals also für uns beide sehr unglücklich gelaufen.

Ich entschuldige mich hiermit noch mal ausdrücklich für etwas, was bei dir falsch angekommen ist, denn ich habe dieses Lob damals ernst gemeint. Mal Hand auf den Herd – wir sind Menschen, und Menschen machen Fehler. Niemand ist perfekt. Das Interview mit dir hat mich wirklich beeindruckt. Danke, lieber Nelson! Ich zähle dich schon lange zu meinen Freunden, auch wenn wir uns selten sehen.

Nelson, wie definierst du Freundschaft?

Wow, schwierig ... schwer in Worte zu fassen. Freundschaft ist für mich gar nicht so was Eindeutiges – klar, es gibt sicher diverse einschlägige Definitionen, dazu die üblichen Sprüche wie »Freunde muss man lange kennen und kann man nur an einer Hand abzählen«. Da sind mein Sprachgebrauch und auch mein Empfinden tatsächlich ganz anders. Ich sage wahrscheinlich viel schneller mal »Freund« als andere. Ich sage es eben fast zu allen Menschen, mit denen ich in einer freundschaftlichen Beziehung stehe, die ich mag und mit denen ich öfter mal Zeit verbringe, mit denen ich auch über etwas Privates rede. Das sind für mich Freunde. Deshalb sage ich »meine Freunde« oder »meine Homies«, »meine Bros«! Da gibt es ja heutzutage ganz viele Begrifflichkeiten, nicht nur »Freund«. Und natürlich kann man eine Abstufung vornehmen und sagen: Okay, ein enger Freund, also ein echter Freund, das ist schon eher jemand, dem ich mehr anvertraue als vielleicht meinen anderen Freunden. Dieses Vertrauensding, wo man wirklich sagt, »dem kann ich auch die schwärzesten Löcher in meiner Seele erklären, dem würde ich auch meine schlimmsten Ängste und Sorgen erzählen«: Das macht man natürlich nicht mit jedem, den man gerade getroffen hat. Da würde ich wahrscheinlich einen engen Freund fast wie ein Familienmitglied betrachten. Aber allgemein bin ich ganz, ganz dankbar, dass ich dieses Gefühl in mir habe, zu vielen Menschen Freund sagen zu wollen.

Also »Freund« würdest du jetzt nicht unbedingt definieren als »Das muss jemand sein, mit dem ich ganz, ganz eng bin«, sondern vielleicht einfach erst mal als jemanden, den du magst?

Ja, das ist die Energie. Die Energie, die ich ihm entgegenbringe, und auch die Energie, die er mir entgegenbringt. Wenn er sich zu mir freundschaftlich verhält und ich mich zu ihm auch, dann haben wir ein Match, dann sind wir Freunde.

Was ist für dich ein echter Freund, eine echte Freundin?

Ein echter Freund ist für mich auf jeden Fall eine Vertrauensperson. Eine Person, der ich etwas sehr Persönliches anvertraue, bei der ich aber das Gefühl habe, die Person, der Freund, die Freundin weiß auch damit umzugehen. Sie verurteilt mich nicht, ist aber so ehrlich zu mir, dass sie Themen aus jedem Blickwinkel betrachtet und mir nicht nur nach dem Mund redet, sondern mich auch kritisiert. Die dagegenhält und sagt: »Nee, nee, lieber Nelson, das war jetzt nicht gut so, denk da noch mal drüber nach«, und mich auf andere Sichtweisen hinweist. Das ist für mich echte Freundschaft.

Das entspricht so der klassischen Definition einer echten Freundschaft, die klassischen Parameter Vertrauen, Sympathie …

… Ehrlichkeit …

Ehrlichkeit, dazu gehört eben auch, kritisiert zu werden …

Genau. Das Vertrauen kommt ja durch die Ehrlichkeit. Ein echter Freund kennt dich natürlich so gut – und das ist ein ganz wichtiger Aspekt, dass du einen Menschen wirklich gut kennen musst, um mit ihm auch über kontroverse Themen sprechen zu können. Du musst wissen: Wie weit kannst du mit deiner Kritik gehen, wie hart kannst du mit der Person ins Gericht gehen? Wie viel Spaß verträgt die Person? Wo und mit wem kann man ernsthaft Real Talk machen und auch mal tiefgründig werden? Ich möchte ja nicht, dass das jemand mit mir macht, den ich nicht so gut kenne. Für

solche Sachen muss man schon ein Gefühl für einen Menschen haben. Und dieses Gefühl kommt natürlich aus einem gewissen Zeitrahmen, in dem man sich kennengelernt hat. Man hat viel Zeit miteinander verbracht, weil man Epochen, sprich: verschiedene Lebensepochen miteinander durchgemacht hat. Zum Beispiel die Studentenzeit oder die Ausbildung, was auch immer. Das ist natürlich immer sehr vorteilhaft, wenn man durch verschiedene Epochen im Leben gegangen ist, die dazugehörigen Herausforderungen gemeistert hat und weiß, welchen Weg man zusammen zurückgelegt hat. Man weiß, wo der andere herkommt. Das verbindet, und das ist natürlich immer gut.

Musst du dich in einer echten Freundschaft immer in Sicherheit fühlen?

Ja! Ja, klar.

Hast du heute noch Freunde aus deiner Kindheit?

Ich habe nur noch ein paar Freunde aus meiner Kindheit, mit denen ich zwar nicht mehr so viel zu tun habe. Aber ich wüsste genau, wenn ich die anrufe oder wenn ich sie kontaktiere, dann ist die Freundschaft sofort wieder da. Das ist das Schöne. Ich habe noch so ein paar Pfadfinderfreunde.

Wie habt ihr das geschafft, diese Freundschaft aufrechtzuerhalten?

Man hat sich immer wieder gemeldet, sich mal kontaktiert. Okay, ich gebe zu: Vornehmlich haben sich die anderen bemüht, weil ich doch die letzten Jahre sehr stark eingebunden war in mein Business. Aber ich habe mich dann immer sehr gefreut und bin darauf eingegangen.

Du bist jemand, der das dankbar aufgenommen hat.

Ja, genau. Wir haben einfach den Kontakt wieder aufgenommen, die Leute haben mich auch besucht und so. Schon schön.

Gibt es auch Freude, die über die Klinge gesprungen sind? Leute, mit denen du als Kind oder als Jugendlicher wahnsinnig viel gemacht hast, und irgendwann hat die Straße sich gegabelt, die Wege haben sich getrennt … und keiner weiß so richtig, warum?

Ja, da gibt es sogar einige. Aber …

… du weißt, warum?

Ach, ich glaube, man weiß das schon. Ich glaube, wenn man tief in sich hineinhorcht, weiß man das. Aber ist das schlecht oder böse? Manchmal hat es auch mit dem zu tun, was du vorhin gesagt hast, dass man sich in einer Freundschaft in Sicherheit fühlen will. In dem Moment, wo du dich weiterentwickelst oder deinen Weg weitergehst, fühlst du dich ja nicht mehr unbedingt an alten Plätzen oder in alten Verbindungen sicher.

Ah, okay, ich nenne so was immer: Einer hat die gemeinsame Plattform verlassen und verliert dadurch den anderen. Schuld ist eigentlich niemand, das Leben geht für eine Person einfach auf einer anderen Plattform weiter.

Richtig. Manchmal warst du ja auch mit Menschen befreundet, weil du die cool fandest, weil sie irgendwie mehr konnten als du, weil du in sie was reinprojiziert hast. Und dann hat es ja auch ein bisschen was mit persönlicher Entwicklung zu tun. Wenn du merkst, dein eigener Fokus, dein eigenes Wertesystem hat sich ein Stück weit geändert, und damit erledigt sich auch der Grund, warum du mit dieser Person befreundet warst. Weil diese Grundlage einfach weggebrochen ist. Und dann merkst du, dass du nicht mehr so viel investiert in diese Freundschaft. Ich glaube, oftmals sind wir uns gar nicht so bewusst, warum wir mit jemandem befreundet sind. Und ich glaube, dass da ganz viele Spiegelungen unserer selbst in dem Gegenüber sind. Ein mächtiger Freund, ein weiser Freund, ein besonders lustiger Freund, ein besonders gut aussehender Freund, ein besonders einfühlsamer Freund. Ich glaube schon, dass es da Projektionen gibt. Und je älter man wird, desto mehr weiß man eigentlich, warum man mit jemandem befreundet ist oder was man an dem anderen schätzt und ob sich das deckt …

… oder warum man das verloren hat.

Ja, oder vielleicht auch verloren hat. Genau.

Vielleicht braucht es auch manchmal eine Zeit, zu realisieren, zu verstehen, warum für zwei Freunde an einer bestimmten Stelle der Weg einfach zu Ende war. Das ist sehr interessant. Du hast in deiner Karriere viel erlebt. Sind Freunde in dieser Zeit geblieben, gegangen oder neu dazugekommen?

Alles, alles genau so: geblieben, gegangen und neu dazugekommen. Auf jeden Fall. Und dafür bin ich auch sehr dankbar. Ich glaube, natürlich sagt man irgendwann: Hey, lieber jetzt den Inner Circle klein halten, nicht mehr so viele Leute reinlassen. Aber ich bin dann doch wieder dankbar, offen zu sein und mein Herz und meine Seele offen zu halten, auch für neue Freunde. Das Leben ist bunt. Und wenn ich an einem tollen Sommerabend auf Mallorca jemanden kennenlerne, mit dem ich mich megagut verstehe, und wir sagen: »Wir verstehen uns so gut, was ist das denn für ein Supertyp oder was für eine Superfrau, wir sind seelenverwandt«, dann ist das wunderbar, dann sind das eben neue Freunde. So was möchte ich mir erhalten.

… die Chancen des Lebens zu ergreifen …

Absolut. Ich hab das bei der 1 Live Krone mit Philipp Poisel erlebt. Wir telefonieren jetzt auch nicht ständig, aber wir rufen uns ab und zu an. Da standen wir vorne an der Theke und haben uns beide gesagt, wie geil wir uns finden, das war so ein magischer Moment.

Man bleibt offen für Neues! Man gibt Menschen eine Chance!

Ja, klar. Und es ist doch auch voll schön, jemand anderen gut zu finden. Einfach so, wie er was macht, wie er was sagt, wie er Musik macht, wie er redet, welchen Humor er hat, über was für Dinge er nachdenkt. Das ist toll, das ist Freundschaft, man bewundert seine Freunde.

Kann man als bekannte Person des öffentlichen Lebens überhaupt echte neue Freundschaften schließen? Kann man die Erwartungshaltung, die die meisten Menschen an Personen der Öffentlichkeit haben, überhaupt erfüllen?

Davon gehe ich ganz stark aus, weil man sich ja immer in seinen Spaces und in seinen Bubbles aufhält. Entweder in der Bubble zu Hause, in der Heimat, wo Leute dich dann nicht unbedingt nur als Promi wahrnehmen, sondern da gehörst du einfach dazu. Da bist du nichts »Besonderes«. Dann natürlich die Bubble, in der du dich vielleicht in den Medien bewegst, auch da kann man neue Freundschaften schließen. Denn es kommt immer darauf an, wie man selber unterwegs ist. Wenn du jetzt immer mit der Attitüde rumläufst »Ich bin der Mr. Wichtig«, dann ist es wahrscheinlich schwierig, weil du das ja dann auch ausstrahlst. Aber die meisten Menschen, die ich kenne, auch die, die prominent sind, sehen sich nicht permanent als prominente Menschen. Die sehen sich nicht ständig im Außenmodus, sondern die sind ja auch mal locker und unbedarft unterwegs – klar, vielleicht manchmal ein bisschen verkrampft und zurückhaltender. Das stimmt schon. Aber ich versuche, so oft wie möglich ganz normal zu sein und alle gleich höflich zu behandeln, mich nicht so wichtig zu nehmen.

Ich glaube, das hat eine Menge damit zu tun, ob du dich nur unter deinesgleichen aufhalten willst. Viele sehen keinen Sinn mehr darin, in eine Kneipe zu gehen und sich mit normalen Menschen zu unterhalten. Ich glaube, das muss man einfach wollen, man muss einfachen Menschen eine Chance geben. Selbst wenn du ein Star bist, warum sollst du einem normalen Menschen keine Chance geben?

Exakt, du beraubst dich ja total vieler Facetten des Lebens. Deren möchte ich mich nicht berauben. Ich bin froh, dass mein Leben so bunt ist.

Wunderbar. Sind Tiere die besseren Freunde?

Nein, nein. Ich glaube, Tiere sind toll, und gerade Hunde sind natürlich wahnsinnig treu und dir ergeben, und sie spiegeln dich. Auch Pferde sollen ja hypersensibel sein und sofort merken, ob du angespannt bist, ob du locker bist, wenn du Angst hast und alles. Also: Tiere sind toll, weil sie auch eine gewisse Ehrlichkeit haben – die verarschen dich nicht. Wie gesagt, so ein Hund kann schon ein sehr treuer Begleiter sein, deshalb haben viele Menschen Hunde. Im Alter kann eine freundschaftliche Beziehung zu einem Hund deine Lebenserwartung günstig beeinflussen, weil dich die Beziehung zu dem Tier glücklich macht. Es ist sogar nachgewiesen, dass die Lebenserwartungen von Dingen beeinflusst wird wie: Ernährung, Schlaf – und ein wichtiger Punkt ist eben das soziale Umfeld und soziales Zusammenleben. Deshalb sagt man zum Beispiel, dass die mediterrane

Lebensweise so gesund ist: natürlich wegen des Essens, wegen der Ernährung, wegen der Omega-3-Fettsäuren, wegen der Öle, wegen der Fette, aber eben auch weil da dieser Familienzusammenhalt ist. In der Familie, mit den Freunden zusammen essen – es gibt ganz berühmte Studien darüber, da wurde genau das festgestellt.

Habe ich gerade im Zuge des Buches auch recherchiert. Aber noch einmal zurück zu den Tieren, würdest du auch abschließend sagen: »Ja, Tiere sind schön, sind gute Begleiter, aber Tier ist Tier, Mensch ist Mensch«? Martin Rütter, der »Hundeflüsterer«, ist der Meinung, dass Leute, die sich vom Menschen abwenden und die Tiere an seine Stelle setzen, eigentlich zum Therapeuten müssten! Wie siehst du das?

Auf jeden Fall sollte man nicht den Umgang mit Menschen komplett abbrechen und sich nur noch mit Tieren beschäftigen.

Okay, nächstes Thema: Können Kinder und Eltern Freunde sein? Also, echte Freunde?

Ich glaube, man bleibt halt immer Kind. Man kann später eine Freundschaft haben mit seinen Eltern. Das glaube ich schon.

Als Vater ist man, bis die Kinder 18 Jahre alt sind, vor allem Erziehungsberechtigter. Das heißt, ich kann eine freundschaftliche Beziehung mit meinen Kindern führen, aber ich muss wichtige Entscheidungen treffen und zum Wohl des Kindes auch mal etwas verbieten und sagen: »Bis hierher und keinen Schritt weiter!«

Ah, jetzt verstehe ich, wie du das meinst. Da sehe ich auch ganz klar keine Freundschaft, weil da ist man Eltern, und da, glaube ich, gibt es eine gewisse Hierarchie aus dem Schutzbedürfnis des Kindes bzw. aus der Verantwortung, die du als Elternteil halt hast. Und da ist es keine Freundschaft, weil …

… Freundschaft ist auf Augenhöhe.

Genau. Als Vater oder Mutter musst du ja auf dein Kind aufpassen und musst sie auch davor bewahren, irgendwelches dummes Zeug zu machen oder auch seelisch oder körperlich Schaden zu nehmen. Und deshalb ist das keine Freundschaft. Ich glaube aber, dass sich fast freundschaftliche Verhältnisse entwickeln können, wenn die Kinder erwachsen sind. Ich kann mich zum Beispiel meiner Mutter super anvertrauen. Aber sie bleibt natürlich immer meine Mutter! Es ist immer so eine Eltern-Kind-Beziehung, durchaus mit einem freundschaftlichen Aspekt, aber meine Mutter ist und bleibt natürlich meine Mama. Wenn die Altersabstände nicht so groß sind, glaube ich schon eher, dass manchmal Mütter mit ihren Töchtern fast schon wie Freundinnen unterwegs sind oder Väter mit ihren Söhnen.

Lieber Nelson, für dich nun meine letzte Frage, leider aufgrund der Thematik Rechtsextremismus, der zurzeit wieder aufkommt: War es für dich schwer, als Schwarzer im Deutschland der Achtziger- und Neunzigerjahre Freundschaften zu schließen? Hast du aufgrund deiner Hautfarbe Probleme gehabt, Freunde zu finden? Gab es rassistische Erfahrungen?

Ja, insofern, als ich natürlich anders aussah. Aber eigentlich auch wieder nicht, weil ich das Glück hatte, ein sehr gutes

Elternhaus zu haben. Klar, ich bin aufgefallen mit meiner Hautfarbe, aber meine Eltern haben mich sehr konventionell, sehr »oldschool« erzogen. Ich war jetzt nie so der »stylishe black man«, der überall mit dem Trend oder mit der angesagten Mode gehen konnte und dadurch sozusagen der Liebling aller war, sondern ich war immer ein bisschen anders. Eher brav und nicht so laut, dementsprechend habe ich mir auch andere Freunde gesucht, die wie ich nicht immer an erster Front standen. Wir waren eher so die Gechillten, irgendwie.

Also bist du nicht unbedingt mit den Lautsprechern und Alphatieren befreundet gewesen?

Genau.

Du warst eher einer von denen, die ein bisschen abseitsstanden und sich nicht permanent profilieren mussten?

Ja, wahrscheinlich. Klar, ich hatte meine Probleme und Themen, aber im Großen und Ganzen …

… war Rassismus kein Problem für dich?

Rassismus war schon ein Problem. Aber nicht um Freunde zu finden.

Und auch nicht unter Freunden?

Doch, sicherlich auch. Mein Leben ist durchzogen von rassistischen Erfahrungen. Da musstest du schon mal jemandem erklären, dass es nicht so geil ist, wenn er das N-Wort droppt. Da gab es lebhafte Diskussionen, und ich hatte den

Drang, meine Freunde über Vorurteile und rassistische Stereotype aufzuklären. Wenn zum Beispiel einer gesagt hat: »Ihr Schwarzen könnt doch alle super tanzen«, da musste man ihm schon erklären, dass das nichts mit der Hautfarbe zu tun hat. Aber es ist nie besonders schlimm gewesen oder richtig eskaliert. Ich würde sagen, in meinem Leben ist überwiegend Positives passiert, weil *ich* positiv ins Leben gegangen bin, weil ich sehr viel Positives von meinen Eltern mitbekommen habe. Klar, Rassismus gab es immer. Natürlich haben meine Eltern und ich Erfahrungen gemacht, auf die wir lieber verzichtet hätten. Wenn ich mit meiner Mutter in die Stadt gegangen bin, haben schon mal Leute auf mich gezeigt und gesagt: »So was hätte es beim Hitler nicht gegeben.« Das ist widerlich und natürlich ein rassistischer Angriff, den ich dann erlebt habe. Aber ich habe mehr Positives erlebt und die bösen Erlebnisse schnell wieder vergessen.

Hast du deswegen mal Freunde verloren?

Nein, gar nicht.

Die Freunde, die du hattest, waren auch immer loyal?

Auf jeden Fall!

Das ist ein versöhnlicher Abschluss! Nelson, ich danke dir für das tolle Gespräch.

Gerne, lieber Horst.

Was braucht Freundschaft?

Im Gespräch mit Nelson ist mir sein Blick auf das Thema Freundschaft klar geworden. Für ihn braucht Freundschaft zwischen zwei Menschen eine besondere Energie, Ehrlichkeit und das Gefühl der Sicherheit. Also beschließe ich, mir diese Frage noch genauer anzuschauen: Was braucht Freundschaft? Wie schon erwähnt, sind auch räumliche Nähe, Sympathie und Vertrauen gute Startvoraussetzungen, damit sich Freundschaft entwickeln kann. Aber was braucht eine Beziehung zwischen Freunden, damit sie blüht und gedeiht?

Ich bin kein Soziologe und kein Wissenschaftler, aber eins kann ich aus eigener Erfahrung behaupten: Ohne echte Mitfreude kann es für mich keine richtige Freundschaft geben. Mir kommt es oft so vor, als wenn wir in Deutschland vergessen haben, dass man die Worte »Schön für dich« auch positiv benutzen kann, ohne hämischen Unterton, ohne Neid und Missgunst.

Ich will nicht behaupten, dass ich frei von Neid bin. Aber ich unterscheide bei Neid zwischen bösem, sinnlosem Neid, wo man dem anderen nichts gönnt – und zwischen, ja, ich will ihn mal so nennen, positivem Neid. Wenn ich meinen Freund zu Hause besuche und sein Haus schön finde, dann kann ich doch sagen: »Herrschaftszeiten, mein lieber Schwan – was ist das für ein tolles Haus, da werd ich direkt neidisch. Was habt ihr es schön hier!« Aber wahrscheinlich ist das kein richtiger Neid, sondern eben die aufrichtige Mitfreude.

Mein Freund Peter hat sich, als er in Rente gegangen ist, eine unfassbar tolle Garage gebaut. Er hat wirklich alles selbst gemacht. Diese Garage ist wunderschön geworden, sieht einfach großartig aus, mit ganz vielen Glasflächen. Peter hat selbst die gesamte Dachkonstruktion entworfen, ausgerechnet, die Statik gemacht, die Balken gesägt, das Dach gedeckt – es gab nichts, was er nicht selbst gemacht hat. Er hat sich sogar einen kleinen Kran gebastelt. Was für ein Handwerker, wirklich ein Teufelskerl. Jedes Fenster eingebaut, es hätte mich nicht gewundert, wenn er auch die Glasscheiben selber geblasen hätte. Ich habe ihn positiv beneidet und bewundert, dass er das ganz allein gestemmt hat. Das ganze Projekt lang habe ich meinen Freund abgefeiert. Er ist immer noch nicht ganz fertig, zwischendurch hatte er leider einen Bandscheibenvorfall, das hat ihn ganz schön zurückgeworfen. Und was man auch berücksichtigen muss: Er hat sich währenddessen ja auch noch um die Familie gekümmert, seinem Sohn beim Hausbau geholfen und natürlich auch Zeit mit seiner Frau verbracht, denn mein Freund Peter ist auch ein Familienmensch.

Diese Art von Neid, den ich auf diese Garage spüre, empfinde ich als Anerkennung. Ich möchte Peter gegenüber zum Ausdruck bringen, dass ich seine Arbeit, seinen Fleiß und seine Geschicklichkeit schätze. Ich missgönne ihm nichts, sondern ich freue mich für meinen Freund. Das ist es, was ich immer »guten Neid« nenne. Den hatte ich schon immer. In meiner Teeniezeit hatten die meisten meiner Freunde die besseren Mopeds. Aber das hat mich nie gestört oder an mir genagt, ich habe das eher als Motivation empfunden. Dann habe ich eben noch mehr gearbeitet, um mir auch etwas Besseres leisten zu können.

Den sinnlosen Neid hingegen, diesen destruktiven Besitzneid, den hatten wir damals nicht in unserer Freundesclique. Wir waren eher wie – ja, wie soll ich das beschreiben ... Es war eher wie etwas, was ich jetzt als Opa erlebe: Ich neide meinen Enkelkindern nicht ihre Kinderzeit, ihre Sorglosigkeit, Neugier und ihre lieben Eltern, nein, ich freue mich für sie, dass sie das so wunderbar unbeschwert erleben dürfen.

Ich habe in der Zeit, in der Peter an seiner Garage gearbeitet hat, auch eine Garage gebaut. Bauen lassen, um genau zu sein. Klar, dass Peter auch von meiner Garage Fotos sehen wollte. Die habe ich ihm auch gezeigt. Sein Kommentar war: »Junge, du wirst ja schon fertig sein, bevor ich auch nur das Dach draufhabe!« Aber er hat sie genauso aufrichtig bewundert und sich für mich gefreut, wie ich es bei ihm gemacht habe. Ohne Neid und Missgunst. Er wollte immer Bilder sehen. Wie sieht meine jetzt aus, was ist passiert. Das macht für mich Freundschaft aus: wahre Mitfreude. Denn wer sich richtig tief für seine Freunde freuen kann, der ist auch ein richtiger Freund. Mitfreude zu empfinden halte ich für schwieriger, als Mitleid mit jemandem zu haben. Mitleid erfordert nicht so viel Anstrengung wie Mitfreude, denn für wahre Mitfreude muss man Neid und Missgunst überwinden und beiseiteschieben. Freundschaft bedeutet natürlich auch, dass man ein verlässlicher Freund ist. Das kann anstrengend sein, denn die eigenen Bedürfnisse haben auch mal Pause, wenn es deinen Freunden dreckig geht. Dann bist du gefordert: Du musst geduldig zuhören, trösten und Gesellschaft leisten. Mehr geben als nehmen, aber das ist dann eben so. Ich kann mein Credo nicht oft genug wiederholen: Freundschaft fordert nicht, Freundschaft wiegt nicht auf. Für Freunde ist man immer da, auch wenn man für Freunde, die durch schwere Zeiten gehen, mehr Zeit investieren muss. Wer da von Gegenleistung spricht, hat für mich das Thema verfehlt.

Noch mal zur Erinnerung die Wikipedia-Definition von Freundschaft: »Freundschaft bezeichnet ein auf gegenseitiger Zuneigung beruhendes Verhältnis von Menschen zueinander, das sich durch Sympathie und Vertrauen auszeichnet.« Das klingt ja auch sehr harmonisch.

Aber was passiert eigentlich, wenn eines Tages das Vertrauen erschüttert wird? Wenn sich dein Freund über dich ärgert, weil du vielleicht etwas gesagt hast, was ihm nicht gefällt, er sich verletzt fühlt durch dein Verhalten? Wie sagt es doch der Kaleun im Filmklassiker »Das Boot«: »Das muss das Boot abkönnen!« Ich denke, da hat der gute Mann recht. Menschen sind verschieden, und selbst gute Freunde, die sich in vielen Dingen ähnlich sind, können nicht immer einer Meinung sein. Politik, Fußball, Mode, Musik, Benehmen – die Liste der Themen, über die man grundsätzlich vortrefflich miteinander streiten kann, ist lang. Und Hand auf den Herd – wer hat noch nie über einen Freund gesagt: Ein Traum von einem Freund, aber wenn es um das Thema Klamotten geht, dann ist Hopfen und Malz verloren! Wobei wir »Klamotten« natürlich wahllos mit anderen Begriffen austauschen können. Aber: Ist das wirklich so schlimm?

Ich bin der festen Überzeugung, dass eine gute Freundschaft das locker verträgt. Denn unter Freunden sollte ein offenes, aufrichtiges Vertrauen herrschen, damit Dinge so ausgesprochen werden können, wie man sie wirklich sieht. Wir müssen uns im normalen Alltagsleben genug verstellen und können nicht immer mit jedem unverblümt Klartext reden. Deswegen ist es doch so wunderbar, mit Freunden zusammenzusitzen und erst einmal sagen zu können, was man wirklich denkt – ohne Repressalien oder Stress in Kauf nehmen zu müssen. Gerade wenn wir mit unseren Freunden offen und ehrlich reden, lernen wir uns noch besser kennen. Wenn mir ein Freund sagt: Horst, das sehe ich aber ganz anders als du – dann bin ich viel eher dazu bereit, mir seinen Standpunkt anzuhören und meinen eigenen zu überdenken. Allein um seinen Standpunkt zumindest zu verstehen, lohnt sich doch eine offene Auseinandersetzung.

Wichtig ist nur, auch bei Freunden: Der Ton macht die Musik. Denn gerade unter Freunden sitzt die Zunge natürlich besonders locker, vor allem wenn manchmal auch Alkohol im Spiel ist. Da rutscht einem schnell schon mal ein nicht besonders konstruktives »Bist du bescheuert?« oder »Laber keine Scheiße!« raus. Das geht natürlich nicht, denn das tut besonders unter Freunden weh.

Das ist ja das Paradoxe, während wir uns bei Arbeitskollegen oder dem Chef gegenüber bemühen, unverbindlich freundlich zu sein, neigen wir bei Freunden oft dazu, mit Bewertungen und Kommentaren weit über das Ziel hinauszuschießen. Und das tut dann richtig weh, denn das hat man ja von seinem guten Freund nicht erwartet. Solche Verletzungen können oft der Anfang vom Ende einer guten Freundschaft sein, denn leider neigen wir dazu, diese Wunde falsch zu behandeln. Gerne auch aus verletzter Eitelkeit. Anstatt unserem Freund zu sagen, dass er uns tief verletzt hat, überspielen wir unseren Kummer und machen einen auf »Da stehe ich doch drüber!«. Das halte ich für falsch. Hier hilft nur Offenheit, gerade einem Freund sollte man sagen können: Du hast mich verletzt, darüber bin ich sehr traurig. Nur so kann der andere begreifen, dass er übers Ziel hinausgeschossen ist mit seiner Meinung oder Kritik. Und ein echter Freund wird diese Chance nutzen, die Sache wieder ins Lot zu bringen, weil es sich unter Freunden gehört. Denn Freundschaft soll unser Leben ja bereichern, uns

Freude, Kraft und Hoffnung schenken – und nicht traurig und verbittert machen. Deswegen sind wir verpflichtet, aufrichtig und freundlich miteinander umzugehen, gerade auch dann, wenn man nicht einer Meinung ist.

Damit sind wir dann auch bei einem ganz besonders heiklen Thema angelangt, das uns schon im normalen Miteinander nicht einfach fällt, aber für eine Freundschaft sehr wichtig ist – Vergebung! Ein schlauer Mensch hat mal gesagt: Um Vergebung fühlen zu können, muss man vergeben können. Auch wenn es mir selber manchmal schwerfällt, würde ich mal behaupten: Verzeihen ist eine Gabe, die unerlässlich ist in einer Freundschaft. Wir sind alle nur Menschen, wir machen Fehler. Nobody is perfect. Aber das bedeutet eben auch, dass wir uns entschuldigen müssen, wenn wir Mist gebaut haben, so schwer uns das auch manchmal fällt. Nur wer auch um Verzeihung bitten kann, wird Vergebung erfahren, so einfach ist das.

In diesem Kapitel habe ich überlegt, was eine Freundschaft braucht. Natürlich sollten wir auch darüber reden, was eine Freundschaft bewirken kann. In diesem Zusammenhang möchte ich erwähnen, was ich mit meinem Freund und Co-Autor Till bei Recherchen zu diesem Buch herausgefunden habe – und was uns sehr gut gefallen hat: Freundschaft ist gesund. Hurra! Das sind doch mal gute Nachrichten für alle, die nicht so gerne Obst und Gemüse essen, oder? Im Ernst: Menschen mit guten Freundschaften leben gesünder und haben somit eine höhere Lebenserwartung als Personen ohne Freunde beziehungsweise mit weniger sozialen Kontakten. Freunde sollen für die Gesundheit ähnlich wichtig sein wie zum Beispiel das Nichtrauchen. Freundschaften seien für die Lebenserwartung sogar noch wichtiger als – man lese und staune – Körpergewicht oder jede Art von sportlicher Betätigung. Das gefällt mir, das will ich gerne glauben.

Noch mehr davon? Eva Peters, Professorin und Leiterin des Psychoneuroimmunologie-Labors der Uniklinik Gießen, hat sich mit Einsamkeitsforschung beschäftigt und kam zu der Erkenntnis: »Bei einsamen Menschen treten viele Erkrankungen häufiger auf, zum Beispiel Bluthochdruck oder Krebserkrankungen.« Sie begründet das gegenüber dem ZDF wie folgt: »Die gemeinsame Zeit mit Freunden kann helfen, das Hormon Cortisol im Blut so einzustellen, dass Entzündungen gestoppt werden, das weiß man zum Beispiel aus Untersuchungen über das Lachen. Und das ist gut für das Immunsystem.« Eine britische Langzeitstudie an der Universität Newcastle mit über 10 000 Teilnehmern kam 2016 zu dem Ergebnis, dass Freundschaften das Risiko für Demenz senken.

Ist das nicht herrlich? Ich will gar nicht so sehr auf die Studien eingehen, dazu fehlen mir die wissenschaftlichen Voraussetzungen. Ich möchte lieber den gesunden Menschenverstand bemühen: Lachen ist gesund! In guter Gesellschaft blühen wir auf. Sagte nicht schon Cicero, der alte Römer: »Freundschaft verdoppelt unsere Freude und halbiert unseren Schmerz.« Die Evolution hat uns zu sozialen Wesen gemacht, die Menschen konnten sich gegenüber tierischen und menschlichen Feinden besser erwehren, wenn sie sich zusammenschließen. Wir sind so gesehen nicht dafür gemacht, um einsam vor uns hin zu prutschen. Gemeinsam sind wir stark, gemeinsam schaffen wir es. Deswegen sagt ja auch der Volksmund: »Es heißt Freundschaft, weil man mit Freunden alles schafft.« Natürlich, Ausnahmen bestätigen die Regel, ist schon klar. Natürlich wird sich immer jemand finden, der 95 Jahre alt ist, kerngesund, seit 70 Jahren allein lebt und auch sonst keine Freunde oder soziale Kontakte hat. Auch ich kann sehr gut allein sein und bin mir manchmal selbst genug. Aber eben nur manchmal. Sich selbst genug zu sein ist für mich genauso wichtig, wie gute Freunde zu haben. Das eine schließt das andere nicht aus.

Nachdem ich herausgefunden habe, dass Freundschaften gut für die Gesundheit sind und durchaus für ein längeres Leben sorgen können, ist mir jedoch ein Gedanke gekommen. Nämlich der, dass ich seit ein paar Jahren das Gefühl habe: Je älter ich werde, desto weniger Freunde werden es.

Woran das liegt? In meinem Falle ist es so, dass ich es mit zunehmendem Alter einfach ruhiger angehen lasse. Ich habe ja immer schon viel gearbeitet, aber je älter ich werde, desto mehr Energie kostet mich das. Und die versuche ich natürlich privat wieder reinzuholen. Deswegen überlege ich es mir sehr gut, ob ich ein Wochenende mit der Familie verbringe oder mit Freunden was unternehme. Wenn ich mich für die Freunde entscheide, stelle ich fest, dass es sich dann um wirklich gute Freunde handelt.

Wenn es sich nicht so schrecklich anhören würde, dann ist es wohl so: Die weniger guten Freunde, eher freundschaftliche Kontakte, reduziere ich. Damit kann ich die stabilen Freundschaften umso inniger führen – und das ist mir im Alter wichtiger geworden. Qualität statt Quantität, das bringt die Sache ganz gut auf den Punkt.

Außerdem stelle ich natürlich im etwas reiferen Alter fest, dass viele Freundschaften, von denen ich gedacht habe, es wären richtige Freundschaften, gar keine sind. Weil sich Menschen, die ich als meine Freunde bezeichnet habe, gar nicht wie richtige Freunde benommen haben. Will sagen: Unsere Freundschaft beruhte nicht auf Gegenseitigkeit.

Meine Frau hat da oft ein besseres Gespür als ich, denn ich neige schon dazu, etwas blauäugig zu sein. Ich möchte immer gleich alle lieb haben und übersehe gerne, dass bestimmte Menschen meine Freundschaft nicht erwidern oder anderen gegenüber betont haben, dass man »unsere Beziehung nicht unbedingt Freundschaft nennen würde«. Wissenschaftler am Massachusetts-Institut für Technologie und von der Universität Tel Aviv haben dieses Phänomen im Jahr 2016 untersucht und die These aufgestellt, dass von zehn Personen, die wir als Freunde bezeichnen, nur fünf Menschen auch dasselbe über uns sagen würden.

Mich würde wirklich interessieren: Wenn ich zehn Freunde benennen würde – würden die, wenn sie ihrerseits zehn Freunde benennen müssten, mich ebenfalls einen Freund nennen? Oder muss ich damit rechnen, dass einige mich nicht auf ihrem Zettel haben und unsere Freundschaft nur eine Wunschvorstellung von mir ist? Wahrscheinlich ist das wohl so, vielleicht gibt es sogar dazu Untersuchungen. Aber wenn ich genauer darüber nachdenke, können wir uns das auch ohne wissenschaftliche Studien eingestehen. Denn: Gab es nicht schon in der Schule immer jemanden, den man bewundert hat und mit dem man so gerne befreundet gewesen wäre? Und wenn man dann einmal zusammen gespielt hat in der Pause, dann hat man zu Hause glückselig von seinem »neuen Freund« erzählt – fraglich war nur, ob der »neue Freund« das genauso gesehen hat, denn es blieb dann nur beim Ab-und-zu-mal-Spielen auf dem Schulhof. Es war eher eine Wunschfreundschaft als eine echte Beziehung.

Wie wir Menschen nun mal sind, machen wir so etwas nicht nur als Kinder. Und auch ich muss heute noch manchmal feststellen, dass ich gelegentlich mehr in eine Beziehung hineininterpretiere, als sie hergibt. Wie gesagt, meine Frau ist da etwas weniger euphorisch und hat sehr feine Antennen. Meine sind natürlich auch durch das Showgeschäft verdorben. Ein paar Stunden mit Menschen in einer TV-Sendung, man versteht sich auf Anhieb, ist nett zueinander, dann nach dem Dreh ins Hotel an die Bar – und schon ist man gut Freund mit Promi XY, was natürlich Quatsch ist, aber schnell daher- und weitergesagt. Menschen wie ich sind einfach zu begeistern, da muss man eben ab und zu auch Lehrgeld bezahlen. Manchmal muss man auch dahin gehen, wo es wehtut, und sich ehrlich fragen: Freund oder Nichtfreund? Das ist hier die Frage …

Freund oder Nichtfreund?
Das ist hier die Frage ...

Ihr erinnert euch vielleicht an die These, die ich im Kapitel »Freundschaft fordert nicht« aufgestellt habe: Es gibt Menschen, die sind nur für gute Tage. Ob das dann richtige Freunde sind, muss jeder für sich entscheiden, von Fall zu Fall. Jeder Mensch hat Stärken und Schwächen, nicht jeder ist charakterlich vollkommen. Aber was heißt das schon? Charakterlich vollkommen, das gibt es meiner Meinung nach sowieso nur im Märchen. Manche unserer Freunde sind besonders sensibel und feinfühlig, manche sind eher frohe Gemüter und etwas rustikaler – ihr wisst schon, was ich meine: Es gibt Freunde, mit denen kannst du besser über Probleme oder zwischenmenschliche Schwierigkeiten reden, und andere, die sind gut für Unternehmungen, Party und die leichten Dinge des Lebens. Wer sind jetzt die besseren Freunde?

Ein Bekannter hat mir neulich sein Leid geklagt: Er habe einen Freund, der ihn nie anrufe. Immer müsse er sich melden, nie gehe etwas vom anderen aus. Ich habe mir das angehört und ihn gefragt, ob er diesen Menschen trotzdem gerne habe – und er bejahte, sagte mir sogar, dass dieser Freund sehr klug sei und sie viele gute, nachhaltige Gespräche führen. Auch wenn sie sich treffen, sei es immer sehr schön. Natürlich habe ich dann gesagt, dass sich das doch alles ganz gut anhöre. Aber mein Bekannter insistierte, dass ihn das störe, dieses »Nie melden«. Das verstehe ich auch, aber da bleibe ich intuitiv doch lieber bei meinem Standpunkt: nicht aufwiegen in einer Freundschaft, sich eher auf die vielen positiven Aspekte konzentrieren, auch wenn es manchmal schwerfällt. Denn klar ist doch, dass beide offensichtlich gerne zusammen sind und voneinander profitieren. Das sollte den Mangel oder das Nichtvermögen, sich von sich aus zu melden, verzeihbar beziehungsweise erträglich machen.

Anders ist der Fall, wenn mit »Freunden nur für gute Tage« gemeint ist, dass Freunde nur Freunde sind, solange sie von dir profitieren. Wenn sie bei dir bleiben, weil man mit dir so gut angeben kann, weil du vielleicht gut verdienst, großzügig bist, eine exponierte Stellung innehast oder vielleicht sogar eine Berühmtheit aus Sport, Politik oder den Medien bist. Da sonnen sich viele gerne im Scheinwerferlicht, Probleme treten erst auf, wenn die Berühmtheit Schwierigkeiten bekommt. Dann verlassen die Ratten das sinkende Schiff, um ein altbekanntes Bild zu bemühen. Und wo eben noch viele Freunde versammelt waren, wird es plötzlich sehr einsam.

Von wegen Empathie und Solidarität: Das ist bitter, wenn Freunde sich verkrümeln und abtauchen, weil man Probleme hat, selbst verschuldet oder nicht. Wenn selbst verschuldet, dann darf man ja auch unter Freunden Klartext reden und Kritik üben. Aber abtauchen – das ist doch nicht die feine Art. Das ist schwer zu ertragen und zieht eine Menge Überlegungen nach sich. Warum hat man vorher nicht erkannt, dass diese Menschen keine echten Freunde sind? Weil es als Berühmtheit schwierig ist, festzustellen, ob man um seiner selbst willen gemocht wird oder weil man ein Star ist? Die meisten Menschen wollen ja nicht differenzieren, sie können zum Beispiel nicht verstehen, dass eine Rolle, die man im Fernsehen verkörpert, nichts mit der privaten Person zu tun hat. Ist es vielleicht sogar wahr, was TV-Star Harald Schmidt mal gesagt hat? »Je größer die Stars sind, desto mehr sollte man sich privat von ihnen fernhalten. Keiner kann privat einlösen, wofür er im Film oder auf der Bühne steht.«

Ich habe meine Erfahrungen mit Freundschaft unter Kollegen gemacht. Denn einige der Sterneköche, die momentan im Fernsehen durch alle Kanäle ziehen, haben sich, als ich anfing, Fernsehkoch zu werden, in jedem Interview bitterböse über mich ausgelassen. Was haben die über Fernsehköche geschimpft – und zwar richtig niederträchtig. Immer schön gestänkert, dass »ein guter Koch in seine Küche und nicht ins Fernsehen gehört«. Jetzt tummeln sie sich auch im Fernsehen, damit sie noch berühmter werden. Nun ja, wahrscheinlich denken die auch nur: »Was interessiert mich mein Geschwätz von gestern!«

Andere bekannte Persönlichkeiten mussten erleben, dass einige ihrer Freunde, die auf dem Weg nach oben so eifrig mitgefahren sind, auf dem Weg nach unten schneller weg waren, als man es je gedacht hatte. Es gibt diese alte, unsentimentale und brutal nüchterne Lebensweisheit des Showbusiness: Nobody loves you when you're down and out. Niemand liebt dich, wenn du am Boden liegst und fertig bist. Dann sind die meisten Freunde weg, oder, um es mit einer anderen Weisheit zu sagen: In schlechten Zeiten zeigt sich, wer deine wahren Freunde sind.

Auch deswegen habe ich mich für dieses Buch für jemanden wie Tony Bauer interessiert, einen jungen Mann, der Brüche in seinem Leben erlebt hat. Schon in ganz jungen Jahren hat er eine schwere Zeit durchgemacht. Und trotzdem hat er danach eine gute Karriere hingelegt, obwohl er ja noch keine dreißig ist. Mich interessiert, ob seine Freunde ihm in schlechten wie in guten Zeiten die Treue gehalten haben. Seine Antworten haben mich sehr überrascht.

Interview mit Tony Bauer

Das erste Mal, als ich den Namen Tony Bauer gehört habe, wusste ich nicht, wer das war. Aber mein Sohn Christopher kannte ihn offensichtlich sehr gut. Ich vergesse nie, wie er mich anrief und völlig aufgeregt erzählte: »Papa, ich glaube es nicht! Ich nehme einen Podcast mit Tony Bauer auf! Mit Tony Bauer – Papa, das ist doch der Hammer, oder?«

Ich wusste zwar nicht, von wem er sprach, habe mich aber einfach mitgefreut. »Super, mein Sohn, ich wünsche dir viel Spaß.« Ein paar Tage später habe ich Christopher angerufen und nachgefragt: »Und wie war es?«

Mein Sohn war hin und weg, stolz wie Oskar. Er war immer noch ganz beseelt.

Das hat mich so neugierig gemacht, dass ich mal Google angeschmissen habe, um ein bisschen was über Tony Bauer zu erfahren. Als ich alles gelesen hatte, war ich baff. Der Junge hatte in seinem jungen Leben schon sehr harte Zeiten erlebt: Als Kind schwer erkrankt, musste er aufgrund seines Kurzdarmsyndroms immer künstlich ernährt werden. Er trägt diese Nährstofflösung in einem Plastikbehälter bei sich, der wiederum in einem Rucksack steckt. Per Schlauch muss ihm mindestens siebzehn Stunden pro Tag diese Lösung zugeführt werden. Aufgrund seiner Erkrankung ist er mehrfach ins Koma gefallen, kurzzeitig erblindet und hatte auch mit Tuberkulose zu kämpfen. Ich war sehr berührt. Denn Tony Bauers Lebenswille – das schimmerte durch alle

Artikel über ihn durch – scheint sehr stark zu sein: Er wollte unbedingt Comedian und berühmt werden. Das wollen viele Jugendliche, aber er hat trotz Handicap und aller damit verbundenen Einschränkungen unbeirrbar sein Ziel verfolgt. Trotz seiner Erkrankung hat er bei »Let's dance« mitgemacht und lange durchgehalten. Ich war mehr als nur schwer beeindruckt. Kein Wunder, dass mein Sohn so von Tony begeistert war.

Als sich dann die Chance bot, dass ich ihn auch kennenlernen sollte, weil er mittlerweile ebenfalls bei meiner Agentur gelandet war, habe ich gleich Nägel mit Köpfen gemacht: Mit diesem willensstarken, vom Schicksal nicht gerade verwöhnten Menschen wollte ich unbedingt über Freundschaft und Freunde reden. Denn mir war gleich klar: Ohne Freunde kann man so ein Schicksal eigentlich nicht ertragen. Das Gespräch war gleichzeitig unser Kennenlernen, und ich war wirklich sehr begeistert von diesem feinen Kerl. Ich hoffe, dass sich Tonys Lebensfreude und Lebenshunger auf alle Menschen überträgt, die Ähnliches erleiden müssen.

Mensch, Tony ... Weißt du, wie ich mich gerade fühle? Ich sage es dir: Ich hatte einen wunderbaren Drehtag, jetzt sitze ich in Köln im wunderbaren Hotel Savoy und rede mit einem jungen Mann, den ich nicht kenne, aber jetzt schon sehr bewundere: Tony Bauer.

Hey, Horst. Die Freude ist ganz meinerseits.

Wir haben ein paar Parallelen in unserer Lebensgeschichte. Du bist jetzt 28, richtig? Ich erzähle dir mal, wo ich mit 28 war.

Gerne.

Mit 28 Jahren hatte ich ähnlich wie du schon einige Schicksalsschläge auf dem Tacho: Mein erstes Kind war gestorben, am plötzlichen Säuglingstod. Da wurde ich das erste Mal in meinem Leben wach und ahnte, dass es zwei Parallelwelten gibt: nämlich Menschen, die glauben, dass sie Sorgen haben, und Menschen, die wirklich Sorgen haben. Mit 28 hatte ich meinen ersten Gehirnschlag, war linksseitig gelähmt und sprachbehindert. Hatte dann zwei Jahre später meinen zweiten Gehirnschlag mit Herzinfarkt. Finanziell ging es mir sehr bescheiden, denn mit Anfang zwanzig hatte ich ein Haus gekauft. Leider habe ich mich falsch beraten lassen, aber die Schuld muss ich selber tragen. Ich hätte alles besser prüfen und kontrollieren müssen. Das Haus konnte ich nur abbezahlen, weil ich neben meiner Wechselschicht in der Fabrik noch jeden Tag acht Stunden auf dem Schrottplatz gearbeitet habe. Deswegen wurde ich ja auch so krank. Mit 28 Jahren wusste ich also, dass so gut wie alles, was ich angestellt hatte, um auf eigenen Füßen zu stehen, nicht gut für mich gelaufen war. Ich hatte mit 28 Dinge erlebt, die ich meinem schlimmsten Feind nicht wünschen würde. Da sehe ich die Parallelen zwischen uns. Was du hinter dir hast, wünsche ich auch keinem. Aber ich kann für mich jetzt heute, mit 62 Jahren, sagen: All das hat mich zu dem Menschen gemacht, der ich heute bin. Das macht mich demütig und dankbar. Und mit 28 Jahren habe ich beschlossen, alles anders zu machen, ein neues Leben aufzubauen. Dann hab ich angefangen, meinen Laden aufzubauen. Ich hab ihn immer nur »Laden« genannt, nie »Restaurant« oder »meine Oldiethek«. Gegen den Rest der Welt, ohne einen Pfennig Geld und mit Sperrgut habe ich in den alten Scheunen meinen Laden gebaut. Das war gleichzeitig meine Therapie. Wenn ich deinen Lebenslauf betrachte, scheint es deine Therapie zu sein, Menschen zum Lachen zu bringen. Du hast mir eben erzählt, dass dich viele fragen: Wie schaffst du das? Die gleiche Frage habe ich auch oft gestellt bekommen. Das ist auch der Grund, warum ich mit dir über das Thema Freundschaft sprechen möchte. Bekommst du viel Unterstützung durch die Familie, hast du gute Freunde? War überhaupt Zeit für Freundschaft, oder konntest du aufgrund deiner Krankheit gar nicht viele Freundschaften führen? Fragen über Fragen zu einem ganz schweren Thema. Aber ich glaube, jetzt hast du schon mal verstanden, warum ich glaube, dass wir Parallelen haben. Mit 28 haben wir beide schon viel Scheiße erlebt. Wie siehst du das, wie erlebst du gerade dein neues Leben?

Ab und zu ist es noch richtig schwer für mich, das alles nachzuvollziehen, den Weg zum Erfolg, die Aufmerksamkeit. Denn da, wo ich eigentlich herkomme, da will gar keiner sein. Ich komme halt wirklich von »gar nichts«. Und dann ist es manchmal schwer, zu glauben, dass man solche Chancen bekommt. Ich versuche einfach, ich selbst zu sein, und hoffe, die Leute spüren und mögen das.

Ja, ich glaube, die Menschen sehnen sich nach Menschen wie dir, die authentisch bleiben und geerdet sind. Aber lass uns mal konkret über Freundschaft reden. Was ist für dich Freundschaft?

Da muss ich an meine sechs besten Freunde, meine Jungs denken! Horst, die haben immer mehr an mich und meine Karriere geglaubt als ich selber. Die haben alle meine dunklen Zeiten mitgemacht und durchlitten, weil wir uns seit unserem sechsten Lebensjahr kennen. Immer wenn ich gezweifelt habe und nicht mehr weiterwusste, waren die für mich da. Unglaublich, oder? Ich wäre niemals da, wo ich heute bin, wenn ich diese sechs Freunde nicht gehabt hätte.

Das sind also schon Freunde aus der Grundschulzeit?

Ja! Sechs an der Zahl. Ich hab irres Glück.

Allerdings. Damit bist du praktisch »megareich«, was deinen Freundschaftskontostand angeht. Soll ich dir was sagen? Ich habe lange nachgedacht mit Till, meinem Freund und Mitautor. Ich habe verzweifelt versucht, mich zu erinnern, ob ich in der Grundschule Freunde hatte. Aber ich weiß keinen mehr, es ist, als ob diese Zeit ausgelöscht wurde. Vielleicht ist da bei meinen zwei Gehirnschlägen was verschüttgegangen oder gelöscht worden. Zum Guten oder zum Schlechten, selbst das lässt sich nicht mehr klären. Aber du mit deinen sechs Freunden – das ist grandios! Vor allem dass die heute noch da sind, mitten in deinem Leben. Wahnsinn! Da muss ich gleich weiterfragen: Was zeichnet denn eine Freundschaft für dich aus? Was braucht Freundschaft unbedingt?

Loyalität. Loyalität ist nie eine Einbahnstraße, Loyalität ist ein Kreisverkehr. Wenn meine Freunde mich brauchen, dann bin ich da, umgekehrt natürlich genauso. Auch wichtig: ganz viel Glauben an die Person, die man lieb hat. Dann Liebe natürlich. Weißt du, meine Freunde sind meine Familie, die ich mir ausgesucht habe. So gesehen sind sie eigentlich gar nicht meine Freunde. Sie sind wie meine Brüder. Wir streiten, und wir mögen uns ab und zu auch mal nicht, aber am Ende des Tages weiß ich: Es sind die einzigen Menschen, die mir unverblümt die Wahrheit sagen. Die lügen mich nicht an, sondern gucken mir in die Augen und sagen: »Tony, das war nix!« Bei denen weiß ich immer, woran ich bin. Natürlich gibt es auch unter guten Freunden kleine soziale Notlügen oder – wie man im Ruhrgebiet sagen würde – »so kleine Flunkereien«, aber wenn es wichtig ist, würden die mich nie anlügen. Das Einzige, was die für mich wollen, ist mein Bestes.

Du bist groß geworden in?

Duisburg.

Und deine Freunde kommen auch alle aus deinem Viertel?

Ja. Wir hatten alle nichts. Wir waren so kleine Schmuddelkinder. Wir haben viel Mist gebaut und in der Schule leider nicht so richtig gut aufgepasst, aber sind viel miteinander abgehangen. So wurden wir dann irgendwann eine richtig eingeschworene Truppe. Wir sind immer bei uns an der Schule über den Zaun geklettert und haben dahinter Fußball gespielt. Da waren wir so zehn, elf Jahre alt. Wenn wir keinen Bock mehr hatten, sind wir dann einfach dagesessen und haben Eistee getrunken. Und jeder hat einfach in den Himmel geguckt, und alle haben von ihren Träumen erzählt: »Ich will mal das sein, ich will jenes sein.« Und keiner hat über den anderen gelacht oder geurteilt, egal wie verrückt der Traum uns erschien.

Bei wem ist der Traum denn in Erfüllung gegangen?

Wahnsinnigerweise bei mir. Hassan hat zum Beispiel immer nur gesagt: »Ich will nur zufrieden sein.« Der war mit zwölf Jahren schon so ein kleiner Poet. Keiner von uns hat das damals gecheckt. Hassans Traum ist – das glaube ich zumindest – auch in Erfüllung gegangen. Er ist ein zufriedener Mensch. Er kann sich einfach mit ganz wenig zufriedengeben, vielleicht weil er auch ganz viele schlimme Dinge im Leben erlebt hat.

Ich habe damals mit meinen elf Jahren immer gesagt: »Eines Tages, Leute, eines Tages bin ich berühmt.« Ich weiß nicht, wieso und warum.

Und dann kam dieser verrückte Tag. Wir hatten uns alle für einen Tag in Düsseldorf verabredet. Da waren wir ungefähr fünfzehn. Das war kurz nachdem ich zum zweiten Mal ins Koma gefallen war. Wir wollten zu sechst – also die ganze Truppe – nach Düsseldorf in die Altstadt: schön pubertär einen draufmachen, cool sein und ein bisschen hübsche Mädels angucken.

> Oma, mach dir keine Sorgen.
> Ich bin heute Abend erst spät zuhause!
>
> PS: Bewahre den Zettel auf. Eines Tages bin ich ein Star!

Weil ich bei meiner Oma gewohnt habe und meine Oma vor Sorge immer ganz krank war, wenn ich bis spätnachts unterwegs war, habe ich einen Zettel genommen und draufgeschrieben: »Oma, mach dir keine Sorgen. Ich bin heute Abend erst spät zuhause!« Und ganz untendrunter habe ich noch geschrieben: »PS: Bewahre den Zettel auf. Eines Tages bin ich ein Star!« Meine Oma hat den Zettel heute noch. Wenn das nicht verrückt ist, dann weiß ich's nicht.

Eine Hammergeschichte! Ist deine Oma auch dein Freund?

Meine Oma? Ja, so gesehen schon. Aber anders, weil mit Oma und Opa, also generell mit der Familie, da war immer so der Schrei nach ... Wie soll ich es sagen? Eigentlich wollte ich immer nur, dass einer mir sagt: »Ich bin so stolz auf dich.« Deshalb habe ich so unfassbar viel Gas gegeben. Ich wollte nicht, dass jemand dauernd sagt: »Du bist krank und trotzdem ...!« Ich wollte viel lieber hören, dass die sagen: »Du bist so krass, du bist top!« Das wollte ich vor allem von meiner Mama hören. Aber natürlich auch von meiner Oma und von meinem Opa. Meine Jungs haben mir das gegeben, weil die das natürlich gecheckt haben.

Erzähl mal von den fabulösen sechs Freunden. Was sind die beruflich geworden?

Einer ist Financial Manager, einer ist Controller, einer ist in der IT, aber er studiert noch, aber nebenbei. Und ein sehr guter Freund von mir ist Consultant ... »Berater« sagt man ja auf Neudeutsch. Hassan, der Poet, ist tatsächlich mit mir unterwegs und erlebt die coolsten Dinge mit mir.

Was heißt das konkret, »der ist mit mir unterwegs«?

Hassan passt auf mich auf, der guckt, dass ich einfach ich sein kann und dass ich auch zufrieden bin. Er hat zuletzt so viele Schicksalsschläge nacheinander hinnehmen müssen, die nur sehr schwer wegzustecken sind. Seine Mama ist gestorben, sie hatte ALS. Dann ist sein Dad urplötzlich gestorben, womit keiner gerechnet hatte. Und dann hat Hassan seinen Job verloren. Das war alles ein bisschen viel, alles in einer kurzen Zeitspanne. Deswegen habe ich ihm vorgeschlagen, dass er seinen Weg erst mal mit mir weitergeht. Denn ich kann jetzt dafür sorgen, dass wir beide gute Dinge erleben. Wir finden schon was, was ihn, mich oder uns beide glücklich macht. Ich glaube, das ist Freundschaft. Die haben auf mich aufgepasst, als ich niemanden hatte, und waren bei mir im Krankenhaus … bis tief in die Nacht. Die Jungs sind oft genug auf meinem Krankenhausbett eingepennt, wenn meine Mama nicht mehr konnte und meine Oma nicht da war. Jetzt bin ich dran, jetzt kann ich denen etwas geben.

Muss eine Freundschaft aufrechnen?

Nein, niemals.

Niemals, das sage ich auch.

Es kommt vom Herzen. Es gibt kein »Du hast da gemacht, ich habe da gemacht«. Wenn was von Herzen kommt, dann passiert es von alleine. Man macht es einfach.

Jetzt bist du mit deinen Freunden schon so lange unterwegs. Du bist auf dem Weg zum Star. Hast du jetzt endlich Glück?

Ich sehe es eigentlich so: Mit all dem Schlechten, was mir passiert ist, habe ich richtig viel Glück gehabt!

Hast du denn jetzt Angst, dass zu viele neue Freunde kommen könnten, die aber keine Freunde sind, sondern eventuell nur im Fahrstuhl mit dir nach oben fahren wollen?

Ich halte meinen Zirkel sehr klein. Und meine alten Freunde bringe ich, wenn ich neue Leute kennenlerne, immer mit zu den neuen Freunden. Die passen schon ganz gut auf, dass da keine Trittbrettfahrer am Start sind, die sagen Bescheid, wenn ich was übersehe oder irgendetwas faul ist.

Ich glaube, ein Freund oder eine Freundschaft macht nie was mit Berechnung. Das hast du eben schön gesagt: Es muss einfach von Herzen kommen. Wann verschmilzt für dich Freundschaft mit Liebe? Oder beinhaltet Freundschaft automatisch Liebe?

Meine Freunde, meine sechs Jungs, die liebe ich alle mindestens genauso sehr wie mich selbst. Also, ich würde wirklich alles für die machen. Wenn die anrufen, dann bin ich am Start. Egal. Ich könnte morgen in der Lanxess Arena spielen – wenn einer mich anrufen würde und bräuchte meine Hilfe, dann kriegt er selbstverständlich meine Hilfe.

Leben deine Eltern noch?

Meinen Papa habe ich nie kennengelernt. Aber meine Mama ist da. Meine Mama ist super. Auf meine Mum lass ich nichts kommen.

Ist deine Mutter auch deine Freundin?

Ja, aber sie ist eben auch meine Mama. Es ist etwas kompliziert. Wir haben mehr als »eine« Beziehung. Meine Mama ist sehr früh Mama geworden und musste dann mit mir durch meinen gesamten Krankheitsverlauf ... einmal durch die Hölle und zurück. Die hat im Auto geschlafen, damit sie in meiner Nähe sein kann, ist ohne Gepäck nach Paris geflogen, um bei mir im Krankenhaus zu sein. Wir haben deswegen eine ganz andere Beziehung. Als ich in die Pubertät gekommen bin, haben sich Oma und Opa dann mehr um mich gekümmert, die waren in der Zeit praktisch meine »Mutter«. Das hat sich dann so ein bisschen gedreht, und meine Mama war dann eher so was wie meine beste Freundin. Wir haben so viel miteinander durchgestanden, meine Mum und ich. Wir werden immer füreinander da sein, jederzeit.

Interessant, deine Krankheit hat natürlich in eurer Beziehung eine große Rolle gespielt. Ich habe ja drei Kinder und den Sohn von meiner Frau, der ist für mich mein viertes Kind. Und auf der einen Seite wünsche ich mir nichts sehnlicher, als dass meine Kinder meine Freunde sind. Dass ich mit denen Blödsinn mache, mit denen lache und Spaß habe. Aber ich habe, als die klein waren, natürlich auch gemerkt: Das geht nicht. Weißt du, warum das nicht geht?

Dann geht die Autorität flöten?

Nein. Das Problem ist die Verantwortung. Du musst Entscheidungen treffen, weil du erziehungsberechtigt bist. Ein Freund ist das nicht. Einem Freund kannst du auch sagen, dass du eine Dummheit vorhast. Der wird vielleicht sagen »Alter, geile Nummer« oder dir abraten. Aber ein Vater oder eine Mutter müssen eine Dummheit verbieten. Selbst wenn die Kinder längst erwachsen sind, gibt man immer noch gut gemeinte Ratschläge und versucht ihnen mit der ganzen Lebenserfahrung, die man hat, zu helfen. Um die Kinder macht man sich ganz andere Sorgen als um einen Freund, das will ich damit sagen.

Ah, okay. Aber schau mal, meine Mama: Als ich gesagt habe, »Mama, ich will Comedian werden«, da war sie die Einzige, die an mich geglaubt hat und gesagt hat: »Ja, du schaffst das, du wirst erfolgreich.«

Wieso war sie so sicher? Hattest du schon eine Berufsausbildung in der Tasche? Oder hast du für diese Entscheidung was aufgegeben? Erzähl mal!

Also, das war so: Ich habe quasi Fachabitur gemacht und wollte mein volles Abitur nachholen, um Sport zu studieren, Sport und Geschichte auf Lehramt. Gleichzeitig hatte ich schon einen Job als Recruiter bei einer Beratungsfirma in Düsseldorf. Ich habe gutes Geld verdient, mehr als meine Oma und mein Opa zusammen, einfach als Werkstudent. Dann kam der Tag, den ich nie vergessen werde. Ich hatte einen Auftritt in Bremen, meinen ersten Auftritt. Das war der absolute Wahnsinn. Danach habe ich meine Mama angerufen und gesagt: »Mama, ich bin geflogen. Zum ersten Mal in meinem Leben bin ich geflogen!« Sie hörte sich das alles an und meinte nur: »Und jetzt, Junge?« Und ohne zu überlegen, habe ich gesagt: »Ich werde jetzt überall anrufen und werde sagen, ich komme nicht mehr. Ich werde jetzt Comedian.« Genau da sagte sie diesen legendären Satz: »Mach das, du wirst erfolgreich.« Keine Ahnung, warum. Vielleicht hatte sie einfach auch Vertrauen, dass ich schon das Richtige mache.

Vielleicht hatte sie nach dem, was ihr alles durchgemacht habt, auch nur den Wunsch, dass du einfach nur glücklich bist?

Ja, das ist es wohl. Die will nur, dass ich glücklich bin.

Genau das ist wahrscheinlich der Unterschied zwischen deiner Lebensgeschichte und einer weitgehend normalen, behüteten Kindheit: Wer wie du schon so oft dem Tod von der Schippe gesprungen ist, hat vielleicht weniger Angst, etwas zu verlieren. Und wenn ich mir deine Geschichte so anhöre und an deine Familie oder Freunde denke, dann glaube ich auch so langsam: Du wirst nie verlieren. Deine sechs Freunde nicht. Da müsstest du denen schon sehr böse wehtun. Du wirst die Liebe und die Freundschaft zu deiner Mutter nicht verlieren. Es sei denn, du tust was sehr Böses. Aber genau das kann ich mir bei dir überhaupt nicht vorstellen.

Danke! Ich werde mir die größte Mühe geben, ein feiner Kerl zu bleiben.

Deswegen liebe ich meine Frau: »Sie ist der Wind in meinen Segeln, der mich nach vorne bringt, und sie ist der Anker, der mich auf dem Boden hält!« So jemanden braucht man in unserem Geschäft. Wenn du Erfolg hast, hast du viele Freunde, die es »ach so gut mit dir meinen«. Aber du brauchst mindestens einen, der es nicht nur gut mit dir meint, sondern der es vor allem sehr ehrlich mit dir meint! Weißt du, meine Frau war schon mit mir zusammen, als ich nix war, bevor der große Erfolg kam.

Der Erfolg bringt schon komische Leute mit sich, das kriege ich jetzt schon mit – auf einmal kommen Leute aus der Ecke, mit denen ich angeblich irgendwann mal im Kindergarten befreundet war. Nur: Ich war noch nie in meinem Leben im Kindergarten. Wir hatten nämlich kein Geld für den Kindergarten. Ja, ich merke schon, dass sich auf einmal viel verändert hat. Aber wenn meine Jungs da sind, dann weiß ich, alles ist wie früher. Für die bin ich nur Tony, der

Mensch, und nicht Tony Bauer, der erfolgreiche Bühnenmensch. Nur Tony.

Glückwunsch, du bist einer der glücklichsten Menschen, die ich kenne, weil du solche großartigen Freunde hast. Ich habe ja nun wegen des Buches viel über Freunde nachgedacht. Es gibt die ehrlichen, die guten Freunde. Es gibt natürlich auch Menschen, die sind nur da, wenn es dir schlecht geht. Aber sie helfen dir. Sind das echte Freunde? Denn es gibt ja auch Menschen, die helfen anderen nur, damit sie sich besser fühlen. Und dann gibt es auch Menschen, die sind nur, wenn es dir gut geht, deine Freunde, weil die sich nicht um deine Probleme kümmern wollen. Nur Party und Sonnenschein, kein Sturm und Regen, bitte schön! Und ich weiß immer noch nicht so ganz genau: Was ist denn überhaupt ein echter Freund? Oder gibt es vielleicht sogar Freunde auf Zeit?

Ich glaube schon. Ich glaube, manche Menschen machen das wie bei einer Rakete. Wenn eine Rakete startet, ist da immer noch die Turbine dran, aber nur bis zu einer gewissen Höhe, und dann lässt man die Turbine fallen. Ab dann gleitet man. Manche Menschen sind wie diese Turbine. Die fliegen mit dir bis zu einer bestimmten Höhe. Aber dann können die nicht mehr. Und dann lassen die los. Aber du gleitest weiter. Und du gleitest nur noch mit den Freunden, die bereit sind, mit dir auch in dieser Höhe zu schweben. Die, die nicht dafür bereit sind, die lassen los.

Das ist ein interessanter Vergleich, den habe ich so noch nicht gehört. Du bist ein weiser Mann, Tony!
 Ich glaube, man muss sich aber auch Freunde bewahren, die nicht mitsteigen können. Dann muss man nur ab und zu mal eine Zwischenlandung machen.

O ja, da hast du jetzt wieder recht. Das ist gut, das werde ich mir merken.

Guck mal, hättest du vor zwei Jahren gedacht, dass du da bist, wo du heute schon bist?

Nein, auf keinen Fall. Horst, vor vier Jahren dachte ich, ich muss sterben. Das alles hier ist schon das Bonusprogramm. Echt! Alles, was ich hier machen darf, ist Bonus. Und ich freue mich, dass alle dabei sind. Und ich kann ein bisschen dafür sorgen, dass alle dabei sind. Und zwischendurch kommen wir schon wieder auf den Boden zurück. Und dann fliegen wir wieder ein ganz kleines bisschen, kommen wieder zurück, aber alle immer gemeinsam.

Was sagst du zu so einem Glas hier auf dem Tisch? Halb voll? Halb leer?

Hauptsache, Glas.

Sehr gut! Das habe ich auch noch nie gehört.

Besser als aus den Händen trinken, oder?

Ja, das ist großartig. Bei so viel Freunden und Erfolg, aber auch mit deiner schweren Krankheit und deinem erlebten Leid: Möchtest du in Zukunft mehr Glück haben?

Ich wünsche mir nur ein bisschen weniger Pech.

Ich gönne es dir von ganzem Herzen und wünsche dir für die Zukunft, dass deine sechs Freunde immer deine Freunde bleiben. Und vielleicht darf ich ein Stückchen mit dazugehören, auch wenn ich viel zu alt bin – irgendwann, wenn ich es verdient habe!

Hundert Prozent! Ich sage immer, ich darf besonders sein, weil mir ganz viele besondere Menschen helfen. Kein Mensch auf dieser Welt schafft Großes allein. Das geht gar nicht. Ich bin nicht alleine. Ganz, ganz viele drumherum helfen mir, dass ich Tony Bauer sein kann.

Was wünscht du dir für die Menschen?

Ein bisschen mehr Zuversicht. Weißt du, ich brauche gar nicht so viel, ich möchte einfach leben. Leben ist gut!

Ja, das Leben ist gut. Vor allem wenn man Freunde hat. Vielleicht brauchen wir einen Freund. Schönes Schlusswort. Danke dir, lieber Tony.

Danke dir, Horst.

Tiere –
die besten Freunde
des Menschen?

Kinders, es gibt nicht wenige, die behaupten, es gäbe unsichtbare Bande zwischen Mensch und Tier. Immer wieder finden sich in den sozialen Medien unter schönen Fotos von Tieren oder Menschen und Tieren salbungsvolle Worte wie:

»Die Freundschaft zu einem Tier wird nicht durch Worte, sondern durch Blicke und Taten geknüpft.« »Es ist eine Verbindung, die tief in die Seele reicht und das Herz auf eine einzigartige Weise berührt.« »In den Augen eines treuen Hundes spiegelt sich die unerschütterliche Hingabe wider, wenn er mit ›seinem‹ Menschen Seite an Seite durch das Leben geht.« »Die sanfte Berührung einer Katze erinnert daran, dass Freundschaft auch Raum für Unabhängigkeit und Respekt schafft.« »Selbst in den majestätischen Blicken eines Pferdes liegt eine stille Weisheit, die dem Menschen Trost spendet und ihn lehrt, im Einklang mit der Natur zu leben.«

Zusammenfassend würde ich es mal ähnlich schmalzig formulieren: Diese Freundschaften sind keine bloßen Bindungen zwischen verschiedenen Arten, sondern ein Teil des großen Gefüges des Lebens. Sie lehren uns Mitgefühl, Geduld und bedingungslose Liebe. In den einfachen Gesten und dem bedingungslosen Vertrauen finden wir eine tiefe Erfüllung, die über die Grenzen der Sprache hinausgeht. So bleiben die Freundschaften zwischen Mensch und Tier eine Quelle der Freude und Inspiration, die uns daran erinnert, dass wahre Verbundenheit keine Grenzen kennt und unser Leben auf unermessliche Weise bereichert. Jetzt verringern wir aber die Romantik und gehen wieder zurück zu mehr Sachlichkeit: Ich glaube sehr wohl, dass Beziehungen zwischen Menschen und Tieren sehr faszinierend und vielschichtig sein können. Das reicht von einfachen Gefährten im Alltag bis hin zu sehr tiefen emotionalen Bindungen. So weit, so gut.

Doch es gibt auch Fälle, in denen Menschen tierische Begleiter nutzen, um auf die Freundschaft von anderen Menschen zu verzichten oder diese einzuschränken. Das halte ich für keine gute Idee.

Ich verstehe schon, dass Menschen sich zurückziehen und lieber die Gesellschaft von Tieren suchen. Dies kann verschiedene Gründe haben. Manche Menschen haben vielleicht schlechte Erfahrungen mit anderen Menschen gemacht und finden deshalb Trost und Verständnis in der bedingungslosen Liebe eines Tieres. Andere mögen Schwierigkeiten haben, soziale Bindungen zu knüpfen oder zu pflegen, und finden in einem tierischen Gefährten eine verlässliche Quelle der Gesellschaft und Unterstützung. Klar, Tiere bieten vordergründig eine Art unkomplizierte Bindung, frei von den sozialen Konventionen, Erwartungen und Enttäuschungen, mit denen wir uns oft in menschlichen Beziehungen herumschlagen müssen. Da denkt sich natürlich so mancher: Ein Hund wird mich nicht enttäuschen, sondern stattdessen bedingungslose Zuneigung und Treue schenken. Alles so weit verständlich, aber ich zucke innerlich immer zusammen, wenn ich Sprüche höre wie: »Er ist mir lieber als jeder Mensch!«

Das ist mir »zu viel«. Ich glaube nicht, dass es richtig ist, sich nur auf die Beziehung zu einem Tier zu beschränken, um den komplexen und manchmal herausfordernden Ansprüchen menschlicher Freundschaften zu entgehen. Aber dazu später mehr. Ich möchte an dieser Stelle lieber auf etwas anderes aufmerksam machen, denn bei aller Tierliebe haben wir Menschen auf der anderen Seite auch ein sehr seltsames Verhältnis zu Tieren.

Viele haben sie im wahrsten Sinne des Wortes zum Fressen gern. Massentierhaltung ist nichts für schwache Nerven, deswegen essen viele Menschen zwar Fleisch, aber nur wenige wollen wissen, mit welch unwürdigen und grausamen Methoden die Bratwurst in ihrem Brötchen und die Chicken-Nuggets auf dem Mittagstisch landen. Wie sehr der Hunger auf Fleisch mittlerweile die Klimakrise befeuert, wissen wir spätestens, seit in Brasilien weite Teile des Regenwaldes für Weideland abgeholzt werden. Dass die Massentierhaltung von Rindern auch aufgrund des hohen Methanausstoßes ein weiterer Grund für hohe Schadstoffemissionen ist, dürfte auch bekannt sein. Tierschützer, Vegetarier und Veganer haben unseren sündigen Fleischkonsum schon lange kritisiert und essen aus Umweltgründen, aber vor allem auch aus Liebe und Respekt vor den Tieren kein Fleisch oder keinen Fisch mehr.

Ich habe meinen Fleischkonsum auch reduziert und achte beim Verzehr von Fleisch auf Herkunft, Aufzucht und Tierwohl. Aber es geht nicht nur um das Tier als Nahrungsmittel des Menschen. Weltweit warnen Tierfreunde, Wissenschaftler und Forscher davor, dass der Umgang des Menschen mit der Natur und den Tieren zu einer Katastrophe führt: Viele Tierarten sind durch menschliches Verhalten vom Aussterben bedroht. Es gibt nicht wenige, die sagen: Der Mensch ist die schlimmste Bestie von allen. Kein Raubtier tötet aus Lust, das macht nur der Mensch. Sprüche wie »Schlimmer als ein Tier« gehören seit Jahrhunderten in unseren Sprachgebrauch.

Ich will hier gar nicht groß auf Moralprediger machen, aber ich bin schon der Ansicht, dass wir Menschen die Tiere und ihre natürlichen Lebensräume besser schützen und behandeln sollten. Und damit meine ich auch Menschen, die ihre Haustiere nicht gut behandeln oder sogar misshandeln. Angesichts dieses menschlichen Versagens wenden sich viele Tierfreunde vom Menschen ab und suchen ihr Glück in einer Tierfreundschaft. Dazu fallen mir spontan viele Sprüche ein: »Der Hund, der beste Freund des Menschen!« »Katzen sind die besseren Menschen!« »Menschen können dich enttäuschen, ein Pferd wird dich immer lieben.« »Tiere sind treue Seelen.« Und dass damit keine Königskobra und kein Nilkrokodil gemeint sind, versteht sich von selbst. Diese romantischen Sprüche beziehen sich auf die liebsten tierischen Freunde des Menschen, als da hauptsächlich wären: Hunde, Katzen, Pferde oder auch Vögel wie Papageien, Sittiche oder Tauben. Natürlich finden wir in den sozialen Medien auch immer wieder Videos, die eine Freundschaft zwischen Menschen und Wildtieren beweisen wollen. Aber ich bin mir da nicht so sicher, ob das wirklich eine Freundschaft ist, wie wir sie zwischen Menschen erleben. Wenn ein Löwe nach Jahren den Menschen wiedertrifft, der ihn aufgezogen hat – frisst der dann nur den nicht auf und beißt dafür mir in die Keulen?

Auf der anderen Seite gibt es aber auch die tollsten Geschichten und Filme, bei denen ich ins Grübeln komme, ob da nicht doch »mehr« ist als Gewöhnung, Spieltrieb oder Sympathie.

Ich habe mal einen kleinen Film gesehen, da ging es um die Auswilderung einer alten Schimpansin auf einem eigens dafür eingerichteten Gebiet. Mit dabei war die weltberühmte britische Verhaltensforscherin Dr. Jane Goodall, die seit 1960 das Verhalten von Schimpansen in freier Wildbahn studierte. Der Transportkäfig mit der Schimpansin Wounda wurde vorsichtig vom Pick-up-Geländewagen abgeladen und abgesetzt. Dr. Goodall und ihre Kollegin Dr. Rebeca Atencia sprachen beruhigend auf das Tier ein, beide kannten die alte Schimpansendame seit Jahren. Irgendwann wurde die Käfigtür geöffnet, und Wounda kam zum Vorschein. Sie lief erst heraus, dann rief Dr. Atencia das Tier. Wounda drehte um, ließ sich von ihr tätscheln und kletterte dann auf den Käfig. Um den Käfig standen drei Ranger und die beiden Verhaltensforscherinnen. Einer der Ranger streichelte die Äffin, die sich ganz bewusst zu Jane Goodall drehte.

Was dann passierte, ist unglaublich schön und wundervoll anzuschauen. Wounda umarmt Dr. Jane Goodall innigst und lange. Dann löst sich die Schimpansin von der Forscherin und geht in die Freiheit. Ich kann dieses Video nicht gucken, ohne Tränen zu vergießen. Und wer dabei nicht weinen muss, der hat ein Herz aus Stein, so! Wenn man den Blick des Tieres sieht, die Umarmung, dann möchte man sofort laut ausrufen: »Ihr seht doch, dass Menschen und Tiere auch ›in echt‹ Freunde sein können.«

Schließlich haben wir uns ja durch zahlreiche legendäre Filme und TV-Serien im Laufe der Jahrzehnte genug solcher Freundschaften vormachen lassen: Da war die mutige Collie-Hündin Lassie und ihr bester Freund Timmy. Delfin Flipper wollte seinen Teenagerkumpels Sandy und Bud immer schnatternd klarmachen, wer gerade in großer Gefahr war. Dschungelkönig Tarzan ist, bevor er mit Jane zusammen war, im knappen Lendenschurz ständig mit Schimpanse Cheeta um die Häuser gezogen. Selbst ein Killerwal namens Willy durfte in die Freiheit springen, weil sich sein kleiner Menschenkumpel Jesse rührend um ihn gekümmert hatte. Und wenn der Weiße Hai nicht so bissig gewesen wäre, dann hätte vielleicht auch er einen Freund gefunden.

Im Ernst, solche Produktionen hatten natürlich schon Einfluss auf unser Verhältnis zu Tieren. Es war ja immer schön anzuschauen, auch wenn alles nur Show war. Aber das Video von Jane Goodall und der Schimpansin Wounda, das war keine Hollywood-Show, sondern echt: War das jetzt eine Verabschiedung von zwei Freundinnen oder nur eine dankbare, freundschaftliche Geste zwischen einem Tier und einem Menschen? Immerhin ist ein Menschenaffe genetisch gesehen nicht allzu weit von einem Menschen entfernt.

Und apropos Mensch und Menschenaffe – erinnern wir uns an den Popstar Michael Jackson, der lange Jahre stets mit seinem »Freund«, dem Schimpansen Bubbles, an der Hand oder auf dem Arm rumlief? Irgendwann ward Bubbles nicht mehr gesehen, aber der Filmstar und Comedian Eddie Murphy wusste nach Besuchen bei Jackson zu berichten, dass der Schimpanse im Jugendalter wohl gefährlich aggressiv geworden sei. Deswegen kam er nicht mehr auf den Arm, sondern wurde von seinem »Freund« Michael in einen Käfig gesperrt.

Natürlich wurde auch Jane Goodall in einem Interview mit dem Magazin »KinderZEIT« gefragt, ob eine Freundschaft zwischen Mensch und Tier möglich sei. Ihre Antwort gefällt mir sehr gut, und ohne Forscher zu sein, würde ich das so unterschreiben: »Das kommt darauf an, was man unter Freundschaft versteht. Tiere und Menschen können sich gegenseitig sehr lieb haben. Sie können sich gut Gesellschaft leisten und füreinander da sein. Mir ging das mit meinem Hund Rusty so, den ich als Kind hatte.«

Ich interpretiere das mal so: Sich lieb haben ist ein wichtiger Bestandteil einer Freundschaft, ich kann aber nicht sämtliche Aspekte einer Freundschaft zwischen Menschen auf ein Tier übertragen. Ich diskutiere nicht mit meinem Hund, ich bin derjenige, der Entscheidungen trifft. Natürlich kann ich ab und an mal beim Spazierengehen dahin gehen, wo mein Hund langmöchte. Aber wenn mich das zu sehr vom Weg abbringt, dann unterbinde ich es natürlich. Da kann von einer Freundschaft auf Augenhöhe nicht die Rede sein, das würde ich mit meinem Hund nicht bereden. Das entscheide ich und nicht mein Hund, auch wenn wir eine freundschaftliche Beziehung haben.

Als Kind hatte ich auch einen Hund. Anfangs, als ich noch sehr klein war, hatten wir immer nur Kätzchen rumlaufen draußen, die habe ich immer sehr geliebt. Aber wie Katzen nun mal so sind, wenn sie nach draußen dürfen – und bei uns auf dem Dorf durften sie natürlich rumstreunen –, dann konnte es schon mal passieren, dass sie nicht wiederkamen. Ich erinnere mich wirklich, wie ich mal nach Hause kam und wissen wollte, wo unsere Katze eigentlich sei, die ich wochenlang nicht mehr gesehen hatte. Mutter druckste rum, Vater auch, und irgendwann nuschelte meine Mutter was von »Die ist weggelaufen, die kommt nicht wieder«. Meine Güte, da habe ich natürlich geheult wie ein Schlosshund, mit dicken Krokodilstränen, wie Kinder halt so sind. Wahrscheinlich ist sie überfahren worden, aber das wollte mir keiner so drastisch sagen. Ich habe sie natürlich gesucht, aber nicht gefunden. Auch typisch Kind: Nach ein paar Tagen hatte ich das schon vergessen, weil die Bindung zu dem Tier nicht stark genug war. Katzen sind nun mal sehr eigenwillige Tiere, und wenn sie draußen leben, gehen sie ihre eigenen Wege. Da sind Hunde anders, deswegen habe ich mir einen gewünscht. Wer hat sich denn nicht als kleiner Junge einen Hund gewünscht, mal ehrlich?

Ich hatte sogar Glück, und meine Eltern schenkten mir tatsächlich einen Hund. Einen kleinen Schäferhundwelpen, den ich Troll nannte. Ein süßes kleines Tier, ich war hellauf begeistert über meinen neuen »Freund«. Ich habe ihn sehr gemocht, der hat mit mir gespielt, getobt und allen möglichen Blödsinn gemacht. Troll hat auch auf mich gehört, der gehorchte, wenn ich was sagte. Ich habe ihn gefüttert, bin mit ihm gegangen, habe ihn gepflegt – ich habe das sehr ernst genommen, ich hatte wirklich eine gute Beziehung zu dem Hund.

Aber es gab auch Probleme, denn Troll hatte Panik vor Autos. Ich weiß nicht, was passiert war, als meine Eltern ihn mit dem Auto meines Onkels nach Hause geholt hatten, ob da irgendwas Traumatisches mit dem kleinen Welpen passiert war. Er mochte einfach keine Autos. Wenn er frei im Hof rumrannte und draußen fuhr ein Auto vorbei, dann ist er sofort laut kläffend hinter dem Auto her und versuchte, das Auto zu beißen. Das nervte, und ich bekam die Aufgabe, dem Tier dieses problematische Verhalten abzugewöhnen. Was wusste ich schon über Hundeerziehung? Ich war ja noch ein Kind. Deswegen habe ich verständlicherweise das getan, was man seinerzeit auch bei Kindern gemacht hat: Bestrafung.

Ich weiß, dass man das heutzutage anders regelt, deswegen gibt es ja solche Hundeflüsterer wie Martin Rütter, mit dem ich für dieses Buch auch ein Interview geführt habe, das klären soll, ob wir Menschen wirklich mit Hunden befreundet sein können. Aber erst mal zurück zum kleinen Horst und seinem Schäferhund Troll: Ich wollte, dass der Hund nicht mehr völlig ausrastet und alles zusammenbellt, wenn ein Auto an unserem Haus auf der Dorfstraße vorbeifuhr.

Ich wollte auch verhindern, dass er auf die Straße rannte, weil er es vielleicht irgendwann mal geschafft hätte, über den Zaun zu springen. Wer weiß, was dann alles hätte passieren können: Der Hund wird angefahren, oder zwei Autos knallen zusammen, weil eines wegen des Hunds so scharf bremsen muss, dass der Hintermann nicht mehr rechtzeitig zum Stehen kommt. Nein, es war besser, dem Hund klarzumachen, dass er nicht bellen durfte, wenn ein Auto vorbeifuhr. Also habe ich dem armen Tier mit einem Stöckchen was hintendrauf gegeben, als es bei der nächsten Gelegenheit wieder losbellen wollte. Zweimal habe ich das gemacht, jedes Mal hat er aufgehört und sich dann auf dem Grundstück versteckt.

Damals habe ich mir nix gedacht, heute ist mir sehr unwohl bei dem Gedanken. Es heißt ja nicht umsonst: Was würde ich darum geben, wenn ich damals gewusst hätte, was ich heute weiß!

Troll war auch nicht begeistert. Immerhin bellte er danach keine Autos mehr an, aber er hat von da an jeden Stock, den ich ihm zu spielen hingehalten oder geworfen habe, einfach zerbissen. Nach dem Motto »Sicher ist sicher, dann kann mir nix passieren«.

Das Problem war gelöst, aber leider sollte noch ein viel schwerwiegenderes auftauchen. Meine Mutter bekam irgendwann Angst vor dem Tier, denn aus dem kleinen Welpen wurde ein sehr großer Schäferhund. Und vor dem hatte sie mächtig Schiss. Sie versuchte das zu überspielen, aber es gelang ihr nicht wirklich.

Eines Tages kam ich von der Schule nach Hause, und Troll war weg. Ich war völlig verwirrt, fragte, wo mein Hund ist. Dann rückte meine Mutter stockend mit der Wahrheit raus: Sie hätten das Tier wieder zurückgegeben an den Züchter, weil der Nachbar wegen des Gebells Anzeige gegen uns erstattet hatte. Der Hund sei ein Ruhestörer und was weiß ich nicht noch alles ... Dabei stimmte das gar nicht, denn seitdem er nicht mehr hinter den Autos herbellte, war er eigentlich ganz ruhig geworden.

Unlustigerweise wurden wir sogar noch mal angezeigt, ganze vier Monate nachdem der Hund weg war. Es stellte sich hinterher raus, dass das ein ganz anderer Hund im Dorf war, der allen auf die Nerven ging. Aber da war es schon längst zu spät, Troll war weg, und heute ist mir natürlich klar, dass meine Mutter den Hund so oder so abgegeben hätte. Sie war damit überlastet, dazu noch ihre Angst.

Ich hatte nie Angst vor meinem Troll. Wir waren ein tolles Gespann. Er hätte mir auch nie was getan. Im Gegenteil. Aber ob wir Freunde waren – da bin ich eher bei Jane Goodall: Es kommt darauf an, was man unter Freundschaft versteht. Ein Tier kann ein echter Gefährte sein, der bedingungslos mit dir durchs Leben geht.

Es gibt ja diesen blöden, alten, frauenfeindlichen Witz, den mein Onkel früher immer erzählt hat, als der Troll noch bei uns war: »Wenn du wissen möchtest, wer dich wirklich liebt, sperr den Hund mit der Frau in den Kofferraum des Autos. Lass sie eine Stunde drin. Mach auf. Guck mal, wer sich freut!« Damals haben sich natürlich alle vor Lachen geschüttelt, heute schüttelt man sich vor solchen chauvinistischen Zoten. Ganz böser Witz. Der wurde natürlich auch nicht besser, wenn der Onkel ihn auch noch prustend erklärte. Das machte alles nur noch schlimmer. Er sagte dann immer zu mir: »Junge, weil die Frau weiß ganz genau, wer den Kofferraum zugemacht hat und sie eingesperrt hat – aber der Hund ja nicht.«

Himmel hilf! Ja, wie sagt man so schön heute: Früher war auch scheiße. Heute gibt es Gott sei Dank Hundeflüsterer wie Martin Rütter, die uns die Welt und die Denkweise der Hunde wunderbar erklären können. Und wer heutzutage immer noch miese Chauvi-Witze erzählt, der sollte sich das gut überlegen.

Das gilt auch für Tiere. Kinders, bevor ihr euch dafür entscheidet, ein Tier anzuschaffen, solltet ihr euch ein paar Dinge genau überlegen: Ein Tier – egal ob Hund, Katze, Kaninchen, Pferd oder Wellensittich – braucht Aufmerksamkeit. Ihr müsst es pflegen und solltet Zeit mit ihm verbringen. Wer also den ganzen Tag auf der Arbeit ist, danach ins Fitnessstudio rennt und die restliche Zeit zu Hause vor dem Fernseher sitzt oder mit Freunden verbringt, der sollte sich besser kein Tier zulegen. Da ist zu wenig Zeit vorhanden. Was viele auch nicht gerne beachten: Jedes Tier hat Bedürfnisse, die sehr unterschiedlich sein können. Das eine braucht viel Bewegung, das andere nicht. Manche sind sehr pflegeintensiv oder benötigen eine spezielle Ernährung. Diese unterschiedlichen Bedürfnisse kennen wir doch auch von unseren menschlichen Freundschaften, deswegen sollte man sich darüber im Klaren sein, ob man auch bei Tieren gewillt ist, diese Bedürfnisse zu erfüllen, bevor man sich für ein bestimmtes Tier entscheidet.

Tierische Freundschaften sollte man sich auch leisten können, denn die Anschaffungskosten eines Tieres und die damit verbundenen Geldausgaben für Futter, Tierarztbesuche, Pflegeprodukte und gegebenenfalls Versicherungen können beträchtlich sein. Ein Bernhardiner verputzt mehr als ein Hamster – und er braucht auch mehr Platz, also stellt bitte vorher fest, ob ihr euren zukünftigen Freunden auch eine geeignete Umgebung bieten könnt, in der sie genug Bewegungsfreiheiten haben.

Einige Tiere können übrigens auch sehr alt werden, also denkt darüber nach, ob ihr bereit seid, euch für diesen Zeitraum an ein Tier zu binden. Ein Letztes vielleicht noch: Manchmal reagieren wir auf bestimmte Freunde unserer Partner allergisch, also stellt sicher, dass keiner in eurem Haushalt eine Allergie gegen euer Wunschtier hat.

Interview mit
Martin Rütter

Martin Rütter hat Tierpsychologie studiert und ist durch unermüdliche Arbeit zum anerkanntesten Fachmann für Hundeverhalten im deutschsprachigen Raum geworden. Ob im TV, live auf der Bühne oder in Büchern – Martin erklärt uns die Hundewelt par excellence. Er gründete schon Mitte der Neunzigerjahre das Zentrum für Menschen mit Hund zur Ausbildung von Hunden und ihren Haltern nach der von ihm entwickelten Methode D.O.G.S. (Dog Oriented Guiding System = Am Hund orientiertes Führungssystem).

Dass ich mit so einem »Hundeflüsterer« über das Verhältnis zwischen Menschen und Hunden sprechen musste, versteht sich von selbst, denn viele Legenden und Fabeln ranken sich um den angeblich »besten Freund des Menschen«. Schon im Jahre 1518 schrieb der niederländische Universalgelehrte Erasmus von Rotterdam: »Es gibt kein Tier, das mehr der Freund des Menschen ist als der Hund ...« Auch der französische Philosoph Voltaire war 1764 voller Verzückung, als er feststellte: »Es scheint, dass die Natur den Hund dem Menschen zu seiner Verteidigung und zu seinem Vergnügen gegeben hat. Von allen Tieren ist er der Treueste: Er ist der beste Freund, den der Mensch haben kann.« Aber was ist da wirklich dran? Das Thema »Hund, der beste Freund des Menschen« ist so emotional aufgeladen, dass ich mir dachte: Als Hundebesitzer, der seinen Hund aufrichtig liebt, sollte ich diese delikate Angelegenheit mal mit einem Fachmann wie Martin etwas sachlicher angehen.

Mein lieber Martin, warum mache ich mit dir ein Interview zum Thema Freundschaft zwischen Mensch und Tier? Die Antwort auf diese Frage will ich für dich in Worte fassen, stellvertretend für die Leserinnen und Leser: Es gibt für mich keinen Zweiten, der mehr Kompetenz hat als du, was das Thema Mensch und Hund angeht. Die Menschen glauben dir, sie vertrauen dir, und genau das tue ich auch. Warum? Weil ich es mag, wie du mit den Tieren umgehst – und mit den Menschen am anderen Ende der Leine. Denn es sind leider meistens die Menschen, die »erzogen« werden müssen, und weniger die Tiere. Aber du machst es dir nie einfach, denn du bist wie ich ein Menschenfreund. Du kritisierst nicht, um niederzumachen, sondern um das Gute aus Menschen und Tier herauszuholen. Das geht nur, wenn man auch die Menschen mag, sonst funktioniert das nicht. Ein altes Sprichwort besagt, »Wer keine Tiere mag, mag auch keine Menschen«. Na, bitte – wer wüsste das besser als du, lieber Martin.

Außerdem wollte ich dich noch besser kennenlernen, und ich hoffe, dass wir bald Gelegenheit haben, unseren Austausch fortzusetzen und zu intensivieren. Unser Gespräch hallte noch lange in mir nach, und ich wünsche mir, dass es den Leserinnen und Lesern genauso geht. Wir müssen nicht alle dieselbe Meinung teilen, es geht mir darum, deine Erkenntnisse zum Thema Freundschaft zwischen Menschen und Hunden als kompetente Grundlage zu berücksichtigen. Denn letztendlich sollte jeder seinen eigenen, individuellen Weg mit seinem Tier finden.

Du bist ein feiner Mensch, Martin, ich danke dir für dieses wunderbare Interview, dass du so vielen Menschen hilfst, mit ihrem Tier so umzugehen, dass das Tier sich –

entschuldige den Wortwitz, aber der muss jetzt an der Stelle kommen – pudelwohl fühlt. Du bist ein Guter. Danke schön!

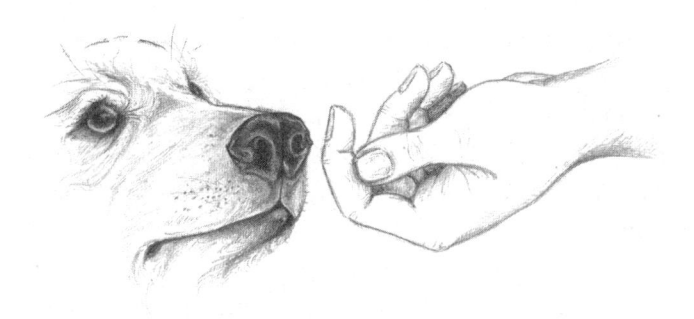

Lieber Martin, der Hund, der Mensch: Als ich mich auf unser Interview vorbereitet habe, habe ich ungefähr das ganze Internet durchgelesen und den Rest zum Thema »Hunde und Menschen« ausgedruckt. Irgendwo habe ich gelesen, dass bei Menschen und Hunden, die sich anschauen, das Bindungshormon Oxytocin ausgeschüttet wird. Es scheint sich also wirklich um eine sehr enge Beziehung zwischen Menschen und Hunden zu handeln. Deswegen fange ich gleich mit der Königsfrage an – ist der Hund der beste Freund des Menschen?

Nicht so voreilig, mein Lieber, eins nach dem anderen. Erst mal zur Sache mit dem Oxytocin, das ist nämlich sehr, sehr spannend, weil im Prinzip so die Geschichte angefangen hat. Die Frage war immer: Wie ist es vom Urvater Wolf zum Haustier Hund gekommen? Es gab früher immer die absurde Theorie, der Wolf hätte die Männer schon in frühesten Zeiten bei der Jagd begleitet. Hört sich schön an, macht aber überhaupt keinen Sinn, weil sie viel zu scheu waren.

Also hat man irgendwann die Theorie aufgestellt, dass wahrscheinlich Kinder und Frauen Wolfswelpen gefunden haben und dort schon Milcheinschuss hatten, um es mal flapsig zu formulieren. Der Verhaltensforscher Konrad Lorenz spricht vom Kindchenschema, es werden Beschützerinstinkte entwickelt, Bindungshormone ausgeschüttet, die Welpen eingepackt, und man beschließt: »Ach wie süß, die ziehen wir auf!« Und damit sind die ersten Schritte Richtung Domestikation des Hundes entstanden.

Interessant ist, dass die Natur es so eingerichtet hat, dass eine Bindung artübergreifend überhaupt möglich ist. Der frühe Mensch hatte Empathie für ein wildes Tierbaby, das ist die Basis für das Ganze. Das ist erst mal nicht auf den Hund bezogen, sondern eigentlich biologisch ganz schlüssig, dass ein kleines, schutzloses Wesen etwas Positives in uns auslöst. Wir sprechen ja auch von einer Verhaltensstörung, wenn jemand sagen würde: »So, da liegt ein Ferkel, gib mir mal einen Hammer, ich hau da drauf.« Diese Oxytocin-Geschichte ist wissenschaftlich sehr gut erforscht, sehr gut belegbar.

Jetzt aber zum Spruch vom Hund als »bestem Freund des Menschen«: Diese Formulierung ist für mich wirklich ganz, ganz hart. Ich will dir ein Beispiel geben, warum. Mein Team und ich, wir bilden ja Hundetrainer aus, bei uns bewerben sich ungefähr 800 Leute im Jahr. Davon bleiben dann zwölf übrig, die wir gewissenhaft ausbilden. 400 Bewerbungen dieser Leute starten mit Sätzen wie »Die Menschen haben mich immer enttäuscht, aber der Hund nie«. Und das ist fatal, diese Menschen verstehen meinen Beruf gar nicht, denn ich muss ja vor allem auch mit Menschen arbeiten. Wie wollen von Menschen enttäuschte Menschen mit Menschen zusammenarbeiten – das geht gar nicht! Diese Bewerbungen gehen sofort in den Müll.

Und dann bin ich schon bei Punkt zwei: Wie traurig und bitter ist eigentlich der Gedanke, dass ich mich von den Menschen schon so abgewendet habe, dass ich glaube, ein Tier hat für mich eine höhere Bedeutung. Ich finde das ganz schlimm, genau so schrecklich wie diese Sprüche »Der Hund bleibt treu im Sturme«, »Nur ein Hund wird dich immer lieben« und hast du nicht gesehen. Das ist eine ganz schlimme Weltanschauung, und ich würde den Menschen, wenn sie diese Denkstruktur haben, immer raten – das meine ich ernst und überhaupt nicht polemisch –, sich einen Therapeuten zu suchen.

Natürlich kann man sagen: Wenn der Hund stirbt, bin ich mindestens so traurig, wie wenn jemand anderer aus der Familie stirbt. Das kann ich nachvollziehen, aber trotzdem möchte ich hier klipp und klar feststellen: Der Hund ist niemals der beste Freund für mich.

Was ich manchmal bedenklich finde, ist die Vermenschlichung des Hundes. Das ist mir zutiefst suspekt. Das muss man doch trennen, oder? Der Mensch ist ein Mensch, und ein Tier ist ein Tier.

Absolut.

Aber ich kann eine freundschaftliche Beziehung zu einem Tier hegen, würdest du das auch so sehen?

Auf jeden Fall. Und ich würde auch das Wort Liebe benutzen, ehrlich gesagt. Aber noch zur Vermenschlichung: Ich will einmal definieren, wie wir Vermenschlichung eigentlich betrachten. Wenn wir sagen, wir vermenschlichen Tiere im Sinne von: Wir sprechen ihnen dieselben Rechte und dieselben Gefühle zu, dann würde ich sagen, okay, lass uns die Tiere vermenschlichen. Weil wissenschaftlich ist ganz klar belegt, dass ein Schwein, eine Kuh, ein Hund sowieso, eine ähnlich komplexe Gefühlstruktur hat wie wir. Ein Hund kennt Gefühle, die wir menschlich nennen. Neid, Wut, Missgunst, Argwohn, Misstrauen, das kennt der alles. Diese Gefühle sind körperlich nachweisbar, das ist alles belegt. Also wenn ein Hund zum Beispiel traurig ist, hat er einen hohen Cortisolspiegel. Cortisol ist ein Stresshormon, das sich sehr langsam wieder abbaut. Oder ein Hund, der euphorisch ist, der hat wie wir Menschen einen hohen Serotoninspiegel. Das heißt also, dass Hunde wirklich identisch vergleichbare Gefühle kennen wie wir Menschen.

Von daher würde ich sagen: Ja, lasst uns ihn ruhig vermenschlichen im Sinne von: Wir geben ihm die gleichen Rechte, den gleichen Stellenwert. Aber Vermenschlichung im Sinne von: Ich behandle ihn wie einen Menschen, das ist Gift, weil er das nicht nachvollziehen kann. Der Hund kann nicht nachvollziehen, warum wir die gleichen Parameter anlegen, die gleiche Moralvorstellung, die gleiche kognitive Form.

Können Hunde auch wie Menschen vorausschauend agieren?

Ich sage dir mal, was ein Hund auf jeden Fall nicht kann – ein Hund ist nicht in der Lage, so wie wir jetzt philosophisch und wissenschaftlich darüber nachzudenken, ob Hunde und Menschen Freunde sein können. Ein Beispiel: Jeder von uns hat doch Menschen im Leben gehabt, die einen wirklich unterstützt und die dir geholfen haben, zu dem zu werden, der du bist. Darüber können wir nachdenken, aber ein Hund kann das nicht. Punkt. Aber um auf deine Frage zurückzukommen: Ein Hund ist in der Lage, vorausschauend zu planen. Das muss jeder Beutegreifer, weil er antizipieren muss, wie sich seine Beute verhält. Das heißt, er muss in der Lage sein, zu denken, »Ach, guck mal, immer wenn ich jetzt hinten links renne, dann geht er vorne rechts«. Ein Hund ist auch in der Lage, zu täuschen oder zu lügen, er kann dir vorspielen, dass er humpelt und Schmerzen hat.

So habe ich es mal erlebt: Ein Dackel tritt beim Spaziergang in eine Buchecker, und die Pfote tut ihm weh. Daraufhin sagt sein Frauchen: »Komm her, mein Kleiner, ich trage dich, du Armer!« Was passierte dann? Der Dackel fängt an, die nächsten sechs Wochen immer zu humpeln. Frauchen geht mit ihm zu mehreren Tierärzten, keiner weiß Rat. Irgendwann kommt sie zu mir ins Training. Ich schaue mir das eine Weile an und sage zu ihr: »Ja, aber schau doch mal, der humpelt doch mal links, mal rechts – der spielt uns was vor, der will einfach getragen werden.« Fazit: Hunde sind in der Lage, zu lügen und zu täuschen, was eine hochkomplexe Denkleistung ist. Nicht alle Tiere können täuschen und lügen.

Interessant. Wo liegt denn für dich die Gefahr darin, wenn wir dazu neigen, den Hund zu sehr zu vermenschlichen?

Das ist insofern nicht fair, weil wir dann seine Bedürfnisse nicht mehr stillen. Schau mal, viele vergessen: Ein Hund muss wirklich geistig stimuliert werden. Er ist und bleibt ein Beutegreifer. Die Leute kommen zu mir und lamentieren über den Hund, wie sie vielleicht auch über ihren Partner meckern: »Ich gebe ihm alles, ich füttere ihn, gehe immer mit ihm spazieren, ich kümmere mich um alles. Und was macht er? Er ist so undankbar. Dauernd rennt er Hasen oder Rehen hinterher.« Du kannst doch von einem Hund keine Dankbarkeit erwarten wie von einem Erwachsenen! Ein Hund ist ein instinktgesteuertes Lebewesen. Mir wird einfach zu viel Menschlichkeit in die Tiere hineininterpretiert.

Ich gebe dir mal ein Beispiel: Der Opa und sein Dackel haben zehn Jahre gemeinsam verbracht, da war richtig viel Zuneigung zwischen beiden. Der Dackel hat sogar all die Jahre beim Opa im Bett geschlafen. In der Nacht, als der Opa verstarb, wollte der Dackel doch glatt nicht mehr ins Bett. Da heißt es natürlich sofort: »Das treue Tier hat eine Vorahnung gehabt!« Von wegen, so ein Blödsinn. Nein, der Opa war schon im Verwesungsprozess. Opa hat anders gerochen. Der Dackel hat eben einen tierischen Geruchssinn, der hat also nur Folgendes festgestellt: Der Typ riecht komisch, der ist eigentlich nicht mehr so richtig zuteilbar. Ich bin unsicher, ich halte mal besser ein bisschen Abstand. Wir interpretieren da aber lieber zutiefst gerührt: »Oh, er hat einen siebten Sinn gehabt, wollte die Familie warnen!« Das ist alles Bullshit.

Dazu würde ich dir gern die nächste Frage stellen.

Um das noch mal kurz abzuschließen, weil es wichtig ist: Was ist die Gefahr der Vermenschlichung? Wir möchten gerne, dass der Hund uns versteht, und legen unsere menschlichen Verhaltensmaßstäbe an ein Tier an. So geht das nicht, das führt zu massiven Problemen.

Mein Sohn hat Folgendes erlebt: Steht eine ältere Dame im Park, ruft den Hund mehrfach und lautstark, aber der Hund kommt ums Verrecken nicht. Und dann sagt sie allen Ernstes zu dem Tier: »Carlos! Carlos, ich habe dir doch gesagt, wenn du jetzt nicht kommst, gehen wir hier nie wieder hin. Carlos!« Unglaublich, oder? Das ist natürlich bizarr, weil der Hund nix im Kopf hat außer »Ach, sie steht da so hilflos, macht bla, bla, bla – in der Zeit fresse ich doch lieber hier ein bisschen Katzenscheiße« und sie einfach mal labern lässt. Aber Frauchen denkt, wenn sie jetzt diese Drohungen ausspricht und zu dem sagt: »So, hier gehen wir jetzt drei Tage nicht mehr hin«, dass da wie bei einem Kind ein Lerneffekt entsteht. Kann es aber nicht, weil der Konditionierungsmechanismus bei Hunden nur funktioniert, wenn er anderthalb bis zwei Sekunden nach der Handlung stattgefunden hat, alles danach ist weg.

Wenn ich jetzt hingehe und sein Verhalten menschlich interpretiere à la »Ich bin enttäuscht von ihm, weil er so reagiert hat, ich bin wütend, ich bin sauer«, dann stülpe ich Gefühle über den Hund, die ihm völlig egal sind in dem Moment. Denn ein Hund ist kein Mensch. Bei der Vermenschlichung ist das größte Risiko, den Hund als menschlichen Ersatzpartner zu sehen.

Verstehe! Das steht ja dann auch der richtigen Erziehung des Hundes total konträr gegenüber.

Absolut. Wenn wir anfangen, unsere Wertvorstellungen, unsere Maßgabe da reinzugeben, dann ist das wirklich Gift für das Zusammenleben.

Wir lieben doch alle diese tollen Geschichten, die es gibt. Diese Geschichten, wo der Mann gestorben ist ...

... jaja, und der Hund hat danach elf Jahre am Grab gesessen ...

... genau. Oder die hier: Der Hund ist zehn Jahre nach dem Tod seines Herrchens immer noch zum Bahnhof gelaufen, weil er ihn da immer abgeholt hat nach der Arbeit. Dann ist er sogar von den Leuten da gefüttert worden, weil er doch so schön getrauert hat. Was ist mit diesen Geschichten?

Hunde können tatsächlich leiden wie ein Hund. Hunde können wahnsinnig stark trauern. Ich habe bei uns Situationen erlebt, wo zum Beispiel ein Hund, als ein Familienmitglied starb, nicht mehr am normalen Leben teilgenommen hat. Er wurde apathisch und kam über Monate aus seiner Lethargie nicht mehr raus. Das gibt es auf jeden Fall, das stelle ich nicht infrage. Aber 99,9 Prozent der Geschichten, die wir angesprochen haben, sind totaler Schwachsinn. Warum? Vorsichtig formuliert: Wenn der Hund so dumm ist, dass der zwei Jahre lang nicht merkt, »Der Opa kommt nicht raus aus dem Grab«, dann muss man sagen, das Tier ist wirklich im untersten Bereich von kognitiver Intelligenz. Für mich ist ein ganz anderer Aspekt an diesen Treuegeschichten interessant – nämlich dass Menschen sich in den Prozess einmischen. Will sagen: Die Menschen sehen, dass der Hund immer am Bahngleis sitzt. Dann wird er dreimal gekrault. Er wird lieb angesprochen: »Du Armer, was hast du denn?« Er bekommt also viel Aufmerksamkeit. Das heißt für den Hund: Sein Verhalten wird zwar nicht belohnt, indem Herrchen wieder dasteht, aber er wird durch andere Mechanismen belohnt. Das reicht dem Tier, und es setzt dieses Verhalten fort. Klingt nicht so schön wie die Trauervariante, ist eher ein bisschen wie »Wes Brot ich ess, des Lied ich sing«. Nüchterner Pragmatismus.

Das heißt, wir sollten unsere Projektionen nicht eins zu eins dem Tier überstülpen?

Genau. Eine Trainerin von mir hat drei Hunde, eine Hündin, einen alten und einen jungen Rüden. Der alte Rüde stirbt eines Tages, und was passiert? Die Hündin hat an dem alten Rüden geschnüffelt und sich trauernd danebengelegt. Sie zeigt das Verhalten, das wir Menschen so gerne sehen. Der junge Rüde war das komplette Gegenteil, den hat das alles überhaupt nicht interessiert, der hat wahrscheinlich nur gedacht: »Super, der Alte ist weg, jetzt bin ich der Chef, und die Hündin gehört mir!« Jetzt ist das eine sehr erfahrene Trainerin, aber selbst sie hat zugegeben, dass sie wider besseres Wissen enttäuscht war: Wie kann der Hund, den ich so liebe, so ein opportunistisches Arschloch sein? Und das ist das, was Gift ist in der Vermenschlichung.

Faszinierend!

Und diese Trainerin, dass musst du dir vor Augen halten, die ist ein Profi. Sie bildet bei uns die Trainer aus und ist seit zwanzig Jahren bei mir. Sechs Monate lang hat sie ein tiefes Störgefühl mit dem jungen Rüden gehabt, weil ihr alter Rüde, der ihr erster Hund war, nicht entsprechend gehuldigt wurde.

Wenn ich dir so zuhöre, dann würde ich sagen: Der Mensch ist in der Lage, freundschaftlich mit dem Hund umzugehen, aber Fehler passieren. Ist der Mensch meistens auch der Fehler im System?

Immer. Guck mal, ich habe 6500 Hunde im Training gehabt, und da waren schon ein paar Raketen dabei. Ich habe aber nicht einmal erlebt, dass der Hund das Problem war. Nicht ein einziges Mal! Aber wodurch entsteht eigentlich diese krasse Bindung, die wir zum Hund haben? Du kannst ja auch ein Meerschweinchen lieben oder deinen Wellensittich. Aber das Spannende ist, dass der Hund das einzige Haustier ist, das in der Lage ist, einen Artfremden als vollwertigen Sozialpartner zu sehen. Das heißt, der Hund weiß die ganze Zeit, dass du kein Hund bist, aber du hast dieselbe Relevanz, denselben Stellenwert für ihn, dazu ist er in der Lage. Und das macht diese verrückte Nähe von beiden Seiten. Der Hund geht so sehr auf dich ein, dass es für die meisten Menschen fast bizarr wirkt, das Tier jetzt nicht menschlich zu behandeln.

Das ist das Besondere zwischen Hund und Mensch. Das kann kein Affe, das kann kein Pferd, keine Katze. Aber der Hund kann das. Das ist einer der Gründe, warum die Hunde sich ja im Zweifel auf dem Weg nach Hause wieder für ihre Menschen entscheiden. Die kommen schon mit nach Hause. Der könnte auch genauso gut sagen: »Ja, leck mich doch fett, ich bin jetzt mal weg!« Das heißt also, diese Nähe, die von Hundeseite kommt, ist wirklich messbar und greifbar. Ein Hund hat genau die gleichen intensiven Empfindungen uns gegenüber, das ist das Faszinierende.

Du hast ja gerade gesagt, dass der Hund ja auch einfach gehen könnte, aber der kommt aufgrund der Bindung immer wieder mit. Hast du das auch schon mal erlebt, dass ein Hund abgehauen ist? Dass er einen Menschen ablehnt und sagt: »Da bleib ich nicht länger«? Das wäre ja auch der interessante Gegenschluss.

Total. Beim Hund gibt es vier wichtige Grundinstinkte, mit denen er unterwegs ist: Jagen, Sex, Territorium und Sozialverhalten. Eigentlich sollte ein Hund von allem ungefähr gleich viel haben. Das wäre der natürliche Prozess. Jetzt züchten wir aber spezialisierte Hunde, zum Beispiel einen

Jagdhund. Bei dem ist das Sozialverhalten gering, das Territorialverhalten, die Sexualität gering, aber das Jagen ist extrem dominant. Wenn der dir dauernd abhaut zum Jagen, ist es nicht, weil du irgendwas falsch machst, sondern weil der Hund gar nicht anders kann. Weil er einen Teil dieses Instinktes kaum noch in sich trägt.

Aber davon gehen wir jetzt mal kurz weg. Natürlich gibt es Hunde, die Menschen ablehnen und auf ihre Art und Weise mitteilen: »Ich komm mit meinem Menschen nicht parat.« Habe ich mehrmals erlebt, in ganz bitteren Situationen. Da kommen Eltern zu mir und haben ein Kind, das sie als auffällig empfinden. Zum Beispiel: Das Kind hat ADHS, oder es ist Autist, und die Eltern wollen einen Hund für dieses Kind haben, praktisch als Door-Opener, als Hilfe für die Eingliederung in die Gesellschaft. Was meinst du, was da los ist, wenn der Hund sagt: »Die? Auf keinen Fall! Ich find die komisch, die ist nicht kalkulierbar, die ist nicht so richtig lesbar, die verhält sich ein bisschen unorthodox für mich. Also da geh ich auf keinen Fall ins Zimmer.« Das ist immer ein Riesendrama.

Weil der Hund die Freundschaft ablehnen kann, die der Mensch ihm entgegenbringt bzw. entgegenbringen möchte?

Richtig. Das ist übrigens auch eine der größten falsch verbreiteten Mythen: Mit einem Hund kannst du alles machen, dem kannst du noch so oft in den Arsch treten – der ist immer treu. Das ist einfach falsch, das stimmt schlichtweg nicht. Das kann ich aus meiner Berufserfahrung sagen. Nicht selten kommen die Leute zu mir und sagen: »Da tut sich nix mit Thema Bindung. Der Hund ist irgendwie schräg.« Ich muss da ganz klar sagen: Man muss sich die Zuneigung oder die besondere Nähe eines Hundes ein Stück weit verdienen – und das geht eben nicht nur über Futter. Das ist ein wichtiger Punkt, weil die Leute ja manchmal die naive Vorstellung haben, mit dem Kauf eines Hundes erwerben sie sich Zuneigung und eine enge Freundschaft – das ist wirklich falsch.

Gibt es Unterschiede in den gesellschaftlichen Schichten, was Hundeerziehung oder Bindung angeht?

Nicht unbedingt, Probleme gibt es in allen Schichten. Aber eine Gruppe möchte ich mal ausdrücklich loben: Wenn es eine Gesellschaftsgruppe gibt, die so gut wie nie Probleme mit ihren Hunden hat, dann sind es die Obdachlosen. Die Hunde sind alle sehr cool, die sind alle sehr sozialverträglich und gesellschaftstauglich, weil die Obdachlosen mit ihren Hunden eine symbiotische Verbindung eingehen. Da heißt es auf beiden Seiten: Ich brauche den, der braucht mich. Lass mal gucken, was unsere gemeinsamen Bedürfnisse sind. Und damit ist die Sache schon rund. Die rennen nicht zum Agility-Kurs oder zum Klickertraining mit ihren Tieren, die leben mit ihnen in einer guten Symbiose.

Ich fasse mal zusammen: Leute, lasst eure Projektionen über Freundschaft einfach außen vor. Behandelt das Tier anständig, geht auf seine Bedürfnisse ein, geht mit ihm spazieren. Bietet ihm geistige Beschäftigung. Kümmert euch vernünftig, und dann könnt ihr ein freundschaftliches Verhältnis führen. Aber das, was wir Menschen als Freunde verstehen, nämlich mit jemandem diskutieren, andere Entscheidungen, andere Lebensweisen respektieren – das macht man nicht mit einem Hund. Denn ein Hund ist nicht auf Augenhöhe mit einem Menschen. Würdest du das unterschreiben?

Ein Hund ist nicht auf Augenhöhe ... Nein, intellektuell kann er nicht auf Augenhöhe sein, aber als Lebewesen selbstverständlich. Oder was die Gefühlswelt angeht.

Wenn du deinen Hund zum Freund machen willst, dann ...

... dann sollten wir immer Folgendes bedenken – und hier schließt sich der Kreis sehr schön zum Menschen: Wie funktioniert eine langfristige Beziehung, egal ob zu deiner Frau, zu deinen Kindern oder sonst was? Du musst in der Lage sein, auch die Bedürfnisse des anderen zu erkennen. Und das ist beim Hund genauso. So einfach ist das eigentlich. Wenn dein Mann oder deine Frau oder dein Hund ein Morgenmuffel ist, dann geh ihm morgens nicht auf den Keks. Und bevor du einen Hund kaufst – macht euch ehrlich klar, was man geben kann und was nicht ...

Wie meinst du das?

Alle unsere Trainer bieten eine Beratung vor dem Kauf des Hundes an. Wir vergeben ungefähr 100 000 Trainingseinheiten im Jahr. Aber wir hatten nur ungefähr zwölf Beratungen vor dem Kauf eines Hundes. Zwölf! Absurd, oder? Weil die Leute einfach sagen: »Ja, was soll daran so schwer sein, selbst die Dümmsten können mit Hunden klarkommen. Was soll ich mir jetzt Gedanken machen?«

Und dann sitzen die wenigen, die sich beraten lassen, vor mir, und ich frage die: Was habt ihr euch denn so vorgestellt? Und dann erzählt Vatti, 67 und Rentner: »Ja, das soll ein ganz lebhafter Hund sein. Dann gehe ich mit ihm joggen durch den Wald.« Und du siehst, wie seine Frau denkt: »Hör mal, Kerlchen – du hast die letzten vierzig Jahre keine 300 Meter ohne Pause geschafft. Wie kommst du darauf, dass du jetzt einen quirligen Hund brauchst?« Will sagen: Viele Leute reden sich schon vorher ein, was der Hund alles können muss. Das geht dann gründlich in die Hose, und am Ende steht man verzweifelt vor dem Trainer und stellt resigniert fest: Scheiße, dem Hund werde ich gar nicht gerecht.

Drum prüfe, wer sich bindet, denn in der Realität ist es nun mal leider oft so: Wir müssen junge Hunde auf Verhaltensstörungen von Menschen vorbereiten. Eigentlich läuft Kommunikation bei Hunden wie bei Menschen, erst mal übers Sehen. Man sieht sich, man schätzt sich ein, man kommt sich näher, man nimmt den Geruch auf. Erst dann kommt eine Berührung. Die Menschen sind aber so gestört in der Kommunikation. Die packen einfach einen Hund an, obwohl es vorher keinen Kontakt gab. Keiner kommt auf die Idee, wie gestört es eigentlich ist, einen Hund ungefragt anzupacken. Aber wir müssen im Training die Hunde darauf vorbereiten, wir müssen also Hunden im Grunde beibringen, dass Menschen da eine Störung in der Kommunikation haben, weil sie übergriffig sind. Und da schließt sich wieder der Kreis zum Thema Freundschaft: Übergriffigkeit hat unter Freunden nichts zu suchen.

Ein schönes Schlusswort, Martin, ich danke dir.

Eltern und Kinder – Freunde?

Ich denke oft an meine Eltern zurück, vor allem wenn ich meine Kinder besuche und mir anschaue, wie sie mit ihren Kindern umgehen, oder wenn ich mit meinen Enkelkindern Zeit verbringe. Und wenn ich das wiederum vergleiche mit der Art und Weise, wie ich als Vater war, dann habe ich ein großes Bedürfnis, mir selbst darüber klar zu werden, ob Eltern und Kinder echte Freunde sein können. Deswegen fange ich ganz vorne an, bei meinen Eltern und meiner Kindheit. Und da muss ich gleich mal feststellen: Eine Freundschaft oder ein freundschaftliches Verhältnis zwischen Eltern und Kindern, das gab es in dem Sinne nicht. Auch bei anderen Familien kann ich mich nicht an so etwas erinnern.

Mein Vater war immer nur arbeiten, und wenn er nicht arbeitete, dann verbrachte er seine Zeit nicht mit uns Kindern. Ich kann mich an zwei Ereignisse in meiner Kindheit erinnern, wo mein Vater mit uns gespielt hat, wenn man das »spielen« nennen möchte. Ich würde eher sagen, dass er für unser Vergnügen gesorgt hat.

Einmal hat es geschneit, und auf der Dorfstraße lag ein richtig dicker Schneebelag. Papa nahm eine dicke, lange Kordel, verknotete drei Holzschlitten hintereinander, und dann zog er uns Kinder mit seinem Mofa die Straße rauf und runter. Das fand ich weltklasse. Das vergesse ich nie, das war für mich eine Sensation, ich war stolz wie Bolle: Das war mein Papa, der vorne auf dem Mofa saß und uns lachende, glückliche Kinder knatternd durch die weiße Winterwelt gezogen hat.

Die zweite Aktion hatte auch wieder mit Wetter zu tun. In einem sehr heißen Sommer bastelte er aus einem alten Wasserschlauch und einem alten Gießkannensprinkler eine Gartendusche. Hitze, Sommer und eine kalte Gartendusche – Himmel, was waren wir aus dem Häuschen vor Freude. Ich weiß noch, wie wir alle in Badebuxe mit Papa draußen auf dem Rasen rumgehüpft sind und immer wieder unter die Dusche geflitzt sind, von oben kam das erfrischende Wasser runter – einfach unvergesslich. Das sind zwei Momente aus meiner Kindheit, wo mir mein Vater wie ein guter Kumpel, ja wie ein Freund vorkam, mit dem man zusammen Blödsinn macht.

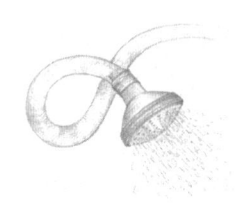

An mehr kann ich mich leider nicht erinnern. Es gab nicht dieses freundschaftliche Zusammensein, das wir heute oft zwischen Eltern und Kindern erleben: Blödsinn machen, spielen gehen, laufen gehen. Nein, denn das waren ja »die Eltern«! Ende, aus, Feierabend. Eltern haben erzogen, Eltern haben verboten. Eltern haben belohnt, haben für dich gesorgt. So habe ich meine Eltern wahrgenommen.

Natürlich habe ich gelegentlich auch ihre Fürsorge, Wärme und Liebe gespürt. Nichtsdestotrotz, damals war das mit den Eltern einfach geregelt: Die haben gesagt, was man darf und was man nicht darf. Es war sehr einfach und rustikal, wenn du »gut« warst, hast du bestenfalls eine Belohnung bekommen, und wenn du »scheiße« warst, hast du garantiert den Arsch voll bekommen. Das hatte nichts mit Freundschaft zu tun, das hatte noch nicht mal den Anflug eines freundschaftlichen Verhältnisses.

Mit Freunden bin ich draußen herumgestromert, bin spielen gegangen und habe über Dinge gesprochen, die ich meinen Eltern auf keinen Fall erzählt hätte. Das war aber bei keinem anderen Kind in unserem Dorf anders. Die Eltern waren immer Eltern, und es war, was die Erziehung anging, meistens mehr Peitsche als Zuckerbrot.

Zu meiner Zeit haben wir Kinder oft genug »Wehe, wenn dein Vater nach Hause kommt, dann kannst du was erleben!« gehört – dementsprechend hatte man dann auch Muffen vor dem alten Herrn. Natürlich war das nicht alles verkehrt, was unsere Eltern unter Erziehung verstanden haben, schließlich sind die meisten von uns keine Schwerverbrecher geworden. Sekundärtugenden wie Höflichkeit, Pünktlichkeit oder Treue sind ja keine schlechten Eigenschaften. Aber Angst und Schrecken – das wissen wir heute auch – sind untauglich für eine vernünftige Erziehung oder liebevolle Bindung.

Als meine Kinder klein waren, habe ich leider durch einige selbst verschuldete Fehlentscheidungen sehr viel arbeiten müssen, und es hat sich wiederholt, was mir mit meinem Vater widerfahren war.

Die Kinder haben mich unglücklicherweise selten zu sehen bekommen, da war nur wenig Zeit für gemeinsame Spiele oder Unternehmungen. Ich war kaum zu Hause, war viel weg, und dann kamen die Scheidungen – es war sicher nicht einfach für meinen Nachwuchs.

Deswegen habe ich die Kinder vor Jahren immer wieder mal gefragt, ob sie mich lieben, ob sie sauer auf mich sind, weil ich so viel weg war und gearbeitet habe. Ihre Reaktion hat mich sehr glücklich gemacht: Nein, sie sind mir Gott sei Dank nicht böse. Sie lieben mich auch, und wir haben ein gutes Verhältnis miteinander. Sie schreiben mir, wir treffen uns, wir achten auf uns.

Ich bewundere meinen Sohn, wie er sein Familienleben lebt – das ist wunderbar. Eigentlich hätte ich ihm das gerne auch gegeben, aber es war mir eben nicht möglich, vielleicht weil mein Vater mir auch kein anderes Leben vorgelebt hat. Ich wollte immer was erreichen, deswegen habe ich mich in jungen Jahren etwas überhoben, bin in finanzielle Schieflage gekommen und habe mich fast totgearbeitet, um die Schulden zu tilgen.

Ich bin stolz, dass meine Kinder und ich es geschafft haben, dass sich die Geschichte letztendlich doch nicht wiederholt hat, denn wie gesagt – mein Sohn nimmt sich viel Zeit für seine Kinder und seine Familie. Er hat drei Kinder, ist ein tüchtiger Ingenieur und hat eine wunderbare Frau an seiner Seite. Die beiden sind ein ganz tolles Paar. Was im Laufe seines Älterwerdens lustigerweise immer mehr herauskommt: Er ist mir trotz aller Unterschiede in vielen Dingen sehr ähnlich. Er liebt Oldtimer, die alten Motorräder, und er kocht sogar wahnsinnig gerne. Ich bin schon jemand, zu dem er hochschaut, obwohl er das gar nicht braucht, denn ich gucke ja auch zu ihm hoch.

Diese freundschaftliche Bewunderung füreinander ist aber nur ein Teil unserer Beziehung. Der Vater in mir, der ist nie abgemeldet. Ich werde dieses Gefühl nie los, ihn beschützen zu wollen, ja sogar zu müssen. Natürlich weiß ich, dass er ein erwachsener Mann ist, der sein Leben meistert, trotzdem habe ich immer das Gefühl »Er ist mein Kind, und ich muss auf ihn aufpassen«. Ich kann das nie nur »freundschaftlich« sehen, auch wenn ich das wirklich möchte, es geht einfach nicht.

Aber der Unterschied zwischen mir und meinen Eltern ist gewaltig, denn heute ist eine freundschaftliche Beziehung zwischen Eltern und Kindern nichts Exotisches mehr. Meine Generation hat sehr viele Probleme gehabt mit ihren Eltern. Heute ist mir klar, warum.

Die Generation meiner Eltern hat harte Zeiten erlebt. Groß geworden im mörderischen, menschenverachtenden Faschismus, mit den unsäglichen Nazi-Erziehungsidealen wie »Zäh wie Leder« oder »Hart wie Kruppstahl«, mit Krieg, Tod, Flucht, Hunger und Zerstörung – was für eine schreckliche Kindheit. Viele wurden auch erst in den Nachkriegsjahren geboren, von traumatisierten Eltern groß gezogen, auf denen die Last und Schande lag, dem größten Verbrecher und bestialischen Mörder Hitler gedient zu haben. Sie haben Dinge im Krieg erlebt und getan, die so unmenschlich waren, dass man sie nicht aussprechen konnte und wollte. Viele von diesen Eltern waren emotional nicht in der Lage, ihre Kinder mit Empathie und Liebe zu versorgen. Sie waren damit beschäftigt, das Land wiederaufzubauen, ihre Schuld zu verdrängen und ihre Familie zu versorgen, sie am Wirtschaftswunder teilnehmen zu lassen. Durch harte Arbeit wollte man es zu was bringen, es nach oben schaffen. Ein eigenes Auto, eigene vier Wände, einmal in der Sonne Urlaub machen.

Ich frage mich heute oft: Mein Vater, was hat der eigentlich gedacht, wie fand der sein Leben? Gut? Schlecht? Mein Vater ist früh gestorben, und das, was ich noch von ihm weiß, das empfinde ich, je älter ich werde, als viel zu wenig. Ja, ich weiß leider viel zu wenig von meinem Vater, und das macht mich manchmal sehr traurig.

Darum sage ich immer zu den jungen Menschen: »Leute, redet mit euren Eltern!« Lasst euch mal erzählen, wie das Leben für sie war, ob sie Schulfreunde hatten, was sie mit ihnen erlebt haben. Fragt doch einmal ganz konkret nach: »Mama, Papa – was hattet ihr für Träume? Was habt ihr erlebt, überlebt und gelebt? Seid ihr glücklich, seid ihr zufrieden mit dem Ergebnis eurer Bemühungen? Ist alles so aufgegangen, wie ihr es euch gewünscht habt für euer Leben?« Das ist wichtig, um alles besser zu verstehen.

Ich kann von meinem Papa noch nicht mal sagen, wie viele Jahre er in der Schule war. Vier Jahre Volksschule, und dann? Ich weiß es nicht, und ich kann auch keinen mehr fragen, denn alle, die es noch wissen könnten, sind längst tot. Mein Papa war in seiner Familie derjenige, der immer nur für alle die Arbeit gemacht hat und dem es niemand gedankt hat.

Solche Menschen gab es früher in jeder Familie mit vielen Kindern. Entweder ein Mädel, das zu Hause bleiben musste, weil sie keinen Mann gefunden hat, oder einen Sohn, der für alle arbeiten musste. Das Gegenstück zum Lieblingssohn, dem alles verziehen oder ermöglicht wurde. Mein Papa, der musste immer nur für alle da sein, die Scherben hinter den anderen herfegen. Das habe ich sogar als Kind mitbekommen. Mein Opa lebte noch mit im Haus, und obendrüber wohnte der älteste Bruder meines Vaters, ein absoluter Taugenichts und Lauschepper, der nur gesoffen und seine Kinder vermöbelt hat. Ein Totalversager, aber der Lieblingssohn von Opa. Der Typ hat meinem Vater das Leben noch schwerer gemacht, als es eh schon war.

Eines Tages hat sich mein Vater ein neues Fahrrad gekauft, um schneller zur Arbeit zu fahren. Als er damit in aller Herrgottsfrühe morgens zur Frühschicht radeln wollte, fand er im Schuppen nur noch einen verbeulten Drahtesel. Was war passiert? Mein Onkel war nachts damit saufen gefahren und hatte das Rad im dicken Kopf geschrottet. Keine Entschuldigung, keine Entschädigung. Dann hat sich mein alter Herr ein Moped gekauft, vom Munde abgespart. Wieder passierte das Gleiche: Das Moped war irgendwann kaputt, weil mein Onkel damit wieder zum Saufen gefahren war und es stinkbesoffen um die Laterne gewickelt hatte. Natürlich: keine Entschuldigung, keine Entschädigung.

Mein Vater musste das Geld noch abgeben bei den Großeltern, da war er schon längst verheiratet mit meiner Mutter. Meine Eltern haben mit mir im kleinen Anbau gewohnt, der früher ein Schweinestall war. Anderthalb Zimmer, und er hat nur gemacht und getan für die Familie. Wer hat später meinen Opa gepflegt? Mein Vater. Der stets besoffene Lieblingssohn jedenfalls nicht, der hat ihm nur das Geld aus der Tasche gezogen, um seinen Fusel zu bezahlen. Das Geld, das mein Vater hart verdient hat und bei meinem Opa abdrücken musste.

Das klingt nicht nach einem schönen Leben, das klingt nach einem lausigen Scheißleben, aber vielleicht nur, weil ich nicht viel mehr weiß. Hatte mein Vater Schulfreunde? Hatte er überhaupt Freunde? Wovon hat er geträumt? Ich hätte meinem Vater später, als mir das möglich war, gerne vieles ermöglicht. Mein Erfolg kam ja erst sehr spät, aber da hätte ich ihm gerne all das gegeben, wovon er geträumt hat. Ein schönes Motorrad, ein feines Haus, eine tolle Reise. Vielleicht wären wir, wenn er noch gelebt hätte, in den Genuss eines freundschaftlichen Verhältnisses zwischen Vater und Sohn gekommen. Mensch, Papa, das hätte ich uns beiden so gegönnt.

Ein freundschaftliches oder liebevolles Verhältnis zu seinen Kindern, das gab es damals natürlich, aber das war nicht die Normalität. Kinder sollten gehorchen und funktionieren. Wenn nicht, dann setzte es was.

Bei meinen Cousins war es so: Da gab es ein brutales, knallhartes Regime von meinem Onkel. Der hatte eine Reitgerte oder eine Kuhpeitsche. Damit kriegten die Kinder den Arsch versohlt. Aber mehr war nicht drin. Da hat nie einer geguckt nach Schulaufgaben oder wie es überhaupt in der Schule läuft. Das Resultat dieser »Erziehung« war, dass einer meiner Cousins nicht lesen und schreiben konnte. Er konnte es nicht, ist aber all die Jahre in der Schule gewesen und nicht aufgeflogen, weil es keinen gekümmert hat, weder die Eltern noch die Lehrer. Als er aber den Autoführerschein machen wollte, ging das natürlich nicht ohne Lesen und Schreiben. Meine Mutter hat sich dann darum gekümmert, mit dem Jungen Lesen gelernt, Schreiben geübt, damit der den Führerschein überhaupt machen konnte.

Solche Schicksale waren in der Zeit keine Einzelfälle, so viel ist mal sicher. Natürlich habe ich das auch als Kind wahrgenommen, dass für viele die eigenen vier Wände Angst und Schrecken bedeuteten. Wie oft habe ich Freunden erzählt – oder Freunde mir –, dass zu Hause dicke Luft war, weil man Mist gebaut, eine Klassenarbeit versemmelt oder irgendwas kaputt gemacht hatte. Selbstverständlich wussten wir genau, wann der Bogen überspannt war und man mit einem Schlag in den Nacken oder auf den Hintern rechnen musste.

Aber es war nicht nur schlimm, ich habe auch viele schöne Erinnerungen. Es war herrlich, von der Schule nach Hause zu kommen, und auf dem Tisch stand ein frisch gekochtes Mittagessen mit Sachen aus dem Garten. Gut, wir hatten halt sowieso kein Geld für fertige Sachen, aber wozu auch, der Garten gab fast alles her! Und dann durfte ich nach den Schularbeiten draußen spielen gehen, bis es dunkel war. Jeden Tag, ob es geregnet hat, gestürmt oder nicht. Das war eigentlich egal. Man war einfach gerne draußen mit seinen Freunden unterwegs.

Es war praktisch eine Win-win-Situation: Für die Eltern war man somit kein Ballast, und darüber waren sie natürlich froh. Sie hatten ja schon genug Ballast, hatten reichlich Überlebenskämpfe auszutragen. Meine Mutter musste sich um alles kümmern, Vater war rund um die Uhr arbeiten, Wechselschicht plus nebenbei Gartenarbeit plus Arbeiten am Haus plus Oma und Opa versorgen mit allem Drum und Dran. Wenn dann die Kinder möglichst wenig auffielen – umso besser. Deswegen war ich schon immer der Clown. Das hat mir meinen Weg geebnet, weil wenn ich lieb und lustig war, war das gut für meine Eltern. Und was gut für meine Eltern war, das war gut für mich.

Es ist dementsprechend kein Wunder, dass die Jugend in den Sechzigerjahren irgendwann anfing, gegen ihre Eltern und das Establishment zu rebellieren. Lange Haare, Rock 'n' Roll, Auflehnung und Widerspruch waberten durch viele Familien. Traumata auf allen Seiten, Streit und viel Wut.

Mit den Erlebnissen unserer Kindheit im Rucksack wollte meine Generation es besser machen als ihre Eltern. Kinder sollten keine Angst mehr haben, nicht mehr geschlagen werden. Sie sollten es besser haben, auf Augenhöhe mit ihren Eltern leben. Ihre Wünsche und Bedürfnisse sollten erfüllt werden, sie sollten unsere Liebe immer spüren und sich in ihrem Zuhause in Sicherheit fühlen. Nieder mit der autokratischen Erziehung, mit der seelenlosen Disziplin und der Methode des Gehorsams, das waren die hehren Ziele. So dachten viele und versuchten, das auch vernünftig umzusetzen.

Anderen ging es Ende der Sechziger-, Anfang der Siebzigerjahre gar nicht weit genug. Sie setzten auf antiautoritäre Erziehung oder auf Laisser-faire, was natürlich weit weg war von einer vernünftigen Erziehung.

Ich habe in meiner Bekanntschaft etwas erlebt, was mich sehr zum Nachdenken gebracht hat. Das ist eine unglaublich interessante Geschichte: Zwei Mädchen sind zur gleichen Zeit aufgewachsen. Die eine in einem Haushalt, über den ich mit meiner Geschichte nur sagen kann: Das hätte ich mir auch gewünscht, egal wie ich das heute bewerte. Damals, als Teenie, da habe ich von solchen Eltern geträumt. Denn die Eltern dieses Mädchens, die haben sich vorgenommen, ihr Kind frei von irgendwelchen Zwängen und Druck zu erziehen. Sie waren eigentlich wie Hippies, haben ab und zu mal gerne einen Joint geraucht, lebten in freier Liebe, alles war »easygoing«. Es gab so gut wie keine Ansagen für das Kind. Die durfte nach Hause kommen, wann sie wollte, bis 23 Uhr draußen bleiben oder auch mal eine Nacht gar nicht nach Hause kommen – alles kein Problem. Schule? Und Hausaufgaben? Selbst da hieß es: »Ach ja, komm, Kind, wenn du möchtest, dann mach, wenn du nicht willst, dann nicht.« Unfassbar.

Aber das Interessanteste kommt noch: Ihre beste Freundin stammte aus einem Haushalt, in dem das völlige Gegenteil gelebt wurde, wo alles knallhart festgelegt wurde. Da wurden ganz klare Ansagen gemacht, wie alles zu laufen hatte: »Du bist um 20 Uhr zu Hause. Bevor du einen Schritt aus dem Haus machst, erledigst du deine Hausaufgaben, vorher gehst du nicht draußen spielen.« Nix mit wilden Haaren oder freakigen Klamotten, da hieß es: »Du wäschst dich vernünftig, die Haare werden ordentlich gekämmt, und zieh dich ja vernünftig an!«

Gegensätzlicher als diese beiden Mädchen konnte man nicht aufwachsen. Aber der Hammer war, dass die zwei Mädels beste Freundinnen waren. Und es kommt noch besser: Jede hat sich danach gesehnt, so zu leben wie die andere. Die mit dem unheimlich festen Korsett aus klaren, nicht verhandelbaren und unmissverständlichen Ansagen wollte unbedingt die Freiheit ihrer Freundin haben. Und diejenige, die diese Freiheit hatte und völlig ungezwungen aufwuchs, die hat sich nach klaren Regeln und Zwängen gesehnt. Sie sagte zu ihrer Freundin: »Du, ich habe das Gefühl, es kümmert sich keiner um mich. Meinen Eltern ist doch sowieso alles egal!« Die wollte Widerstand haben, Entscheidungen nicht immer allein treffen. Zwei völlig verschiedene Welten, zwei völlig verschiedene Freundinnen, aber beide spürten, dass in ihrer Erziehung etwas falsch lief.

Natürlich brauchen Kinder Ansagen, selbstverständlich müssen Eltern Entscheidungen treffen, die die Kinder befolgen müssen. Aber Kinder brauchen auch Freiheiten, sie müssen lernen, selber Entscheidungen zu treffen. So lernt man Verantwortung. Wie sonst sollen Kinder lernen, dass eine falsche Entscheidung zu Konsequenzen führt, die man sich lieber erspart hätte?

Das ist ja das Schwierige in der Kindererziehung, den Mittelweg zu finden zwischen festgelegten Regeln seitens der Eltern und freien Entscheidungen des Kindes. Du gehst zur Schule, du machst deine Hausaufgaben, aber wenn du lieber Judo machen möchtest, als Geige zu spielen, dann mach das so, wie du meinst.

Es ist schwierig, das in der Waage zu halten. Erziehungsberechtigt? Klares »Ja«. Freundschaftliches Verhältnis? Auch ein klares »Ja«. Aber wir dürfen nie vergessen, wer wir sind und was unsere Hauptaufgabe ist als Eltern: Wir müssen Selbstständigkeit fördern, beschützen, verbieten, Leine lassen und gute Tipps geben. Ich kann nicht der Freund meiner Kinder sein, das geht nicht – wenn ich nur der Freund bin, dann bin ich nicht Mama oder Papa. Das ist meine persönliche Überzeugung. Darum lehne ich den sogenannten egalitären Erziehungsstil, in dem sich Eltern und Kinder sozusagen auf Augenhöhe befinden, gemeinsam Entscheidungen treffen und alle die gleichen Rechte haben, genauso ab wie den autokratischen von früher.

Es war ja auch mal in Mode, dass man die Eltern nicht Mama und Papa, sondern beim Vornamen nennt. Ich will niemandem zu nahe treten, aber das ist nichts für mich. Ebenso wenig wie die heutigen »Helikoptereltern«, die aus lauter Überfürsorge ihre Kinder vor allem Unglück der Erde bewahren wollen.

Ich möchte mal ein Bild bemühen, das wahrscheinlich alle Eltern kennen. Irgendwann bringt man den Kindern das Fahrradfahren bei. Am Anfang läuft man nebenher, hält am Sattel noch ein bisschen fest, aber irgendwann muss man loslassen. Auch wenn man weiß, dass das Kind dann eventuell hinfallen wird. Und ja, natürlich setzt man dem Kind einen Helm auf. Aber man kleidet es doch nicht in einen dick gepolsterten Schaumgummianzug, damit es sich überhaupt nicht wehtun kann. Wenn wir unsere Kinder vor allem Übel beschützen wollen, wenn wir immer nur geben, nie fordern, es nur Rechte gibt, aber keine Pflichten – dann erziehen wir Invaliden, Menschen, die nicht gelernt haben, auf eigenen Beinen zu stehen. Die entwickeln keine Eigeninitiative, kennen keinen Stolz auf eigene Leistungserfolge und Errungenschaften. Denen geht es materiell zu gut, die sind von Beruf »Sohn« oder »Tochter«, aber sonst nix.

Das erinnert mich an eine legendäre Geschichte, die ich mal gelesen habe: Man fragte den Vater von Dubai, Scheich Raschid bin Said, wie er die Zukunft seines Landes sehe, und er soll geantwortet haben: »Mein Großvater ritt auf einem Kamel, mein Vater tat dasselbe, ich fahre einen Mercedes, mein Sohn fährt einen Land Rover, mein Enkel wird auch einen Land Rover fahren, aber mein Urenkel wird wahrscheinlich wieder auf einem Kamel reiten!« Vielleicht hat er das gesagt oder auch ein anderer arabischer Scheich. Das Zitat soll stimmen, ob es wirklich Scheich Raschid war, darüber gibt es keine gesicherten Erkenntnisse.

Was er damit meint, ist klar: Reichtum verweichlicht, Armut macht stark. So ähnlich soll sich ja auch Bismarck geäußert haben: Die erste Generation schafft Vermögen, die zweite Generation verwaltet Vermögen, die dritte studiert Kunstgeschichte aus, und die vierte verkommt!

Ich gebe zu, meine Kinder reiten keine Kamele, Kunstgeschichte hat auch keins von ihnen studiert, und noch verkommt auch keiner. Aber natürlich sollten gerade Eltern, die zu großem Wohlstand gekommen sind, aufpassen. Wenn deren Kinder nur noch darauf warten, das Vermögen der Eltern zu erben, und ihnen auch ansonsten in ihrem ganzen Leben alles nur in den Allerwertesten geschoben wird, dann ist das doch eine Katastrophe. Dann haben die Eltern meiner Meinung nach auf ganzer Linie versagt. Wir müssen unsere Kinder fördern, fordern und ihnen beibringen, mit Enttäuschungen zurechtzukommen. Wir können wie ein Freund trösten, aber wir sollten nicht immer versuchen, unseren Kindern Enttäuschungen zu ersparen. Vielmehr müssen wir sogar manchmal unpopuläre Entscheidungen treffen, denn wir sind Eltern.

Es mag sehr hart klingen, aber Kinder müssen auch mal auf die Nase fallen. Ein Freund muss nicht erziehen, keine Richtung vorgeben. Eltern aber. Eltern müssen – davon bin ich fest überzeugt – auch verbieten. Ein Kind muss genug schlafen, es muss zur Schule, die Hausaufgaben müssen erledigt werden, und das Kind muss zu einer bestimmten Uhrzeit wieder zu Hause sein. Das diskutiere ich nicht durch, das sind Angelegenheiten, die ich als Vater mit der Mutter entscheide. Da unterscheidet sich das »Freundsein« vom »Elternsein«. Ein Freund schreibt einem nichts vor. Und darum können Eltern und Kinder erst wie Freunde werden, wenn die Kinder wirklich auf ihren eigenen Beinen stehen, ihre eigenen Entscheidungen treffen und ihr Leben selbst meistern.

Wir müssen als Eltern den Kindern das Rüstzeug mitgeben, irgendwann ohne unsere Unterstützung ein gutes Leben zu führen. Wenn die Kinder in ihrem Erwachsenenleben dann unverschuldet in eine Notlage kommen, sind wir natürlich da, weil wir Eltern sind. Dann handeln Eltern wie Freunde.

Vielleicht ist das ein unlauterer Vergleich, aber er gefällt mir sehr: Ein Vogel, der tut alles für seine Brut, er besorgt Futter, er verteidigt seine Küken, er kämpft für sie, und wenn er selbst dabei stirbt. Er wird alles tun, um seine Brut zu beschützen. Aber wenn die Zeit gekommen ist, muss das Küken aus dem Nest, damit es fliegen lernt. Wir müssen so gesehen dafür sorgen, dass unsere Kinder fliegen lernen, und das erreichen wir nicht, wenn nur wir für die Luft unter den Flügeln sorgen.

Ich bin der festen Überzeugung, dass die meisten Eltern

heutzutage die Kinder zu sehr pampern, es mit der Fürsorge übertreiben. Kindern Sicherheit zu vermitteln ist eine wichtige Sache; aber ihnen jeden Stein aus dem Weg räumen? Ob Probleme mit den Freunden, in der Schule, im Studium, im Sportverein – Mama und Papa regeln das. Mama und Papa rufen überall an, schreiben wichtige Mails und klären selbst dann noch alles, wenn die Kinder schon lange volljährig sind. Wenn ich höre, dass einige Jugendliche schon nach dem Abitur ein von Mami und Papi finanziertes »Gap Year«, ein »Pausenjahr«, brauchen, weil die Schule so anstrengend war, dann frage ich mich, wie diese Kids mit den Herausforderungen eines Lebens klarkommen wollen. Studieren *und* arbeiten gehen?

Wie oft habe ich da von Bekannten gehört: Das kann man doch dem armen Kleinen nicht zumuten! Lieber bezahlen die Eltern, wenn sie es sich leisten können, Wohnung, Auto, Urlaub und Essen, damit die Kinder schneller mit dem Studium fertig werden. Das halte ich für verkehrt. Wer nur verwöhnt, keine Eigenverantwortung fördert, wer es den Kindern nur leicht machen, sie über jedes Hindernis tragen will, ihnen jegliche Entbehrung und Enttäuschung erspart, der macht meiner Meinung nach etwas Grundlegendes falsch. Nicht dass wir uns missverstehen – wenn ich von Verwöhnen spreche, dann meine ich nicht Liebe und Zärtlichkeit, denn davon kann man nicht genug bekommen. Man kann Kinder nicht überlieben, aber zu sehr verwöhnen kann man sie.

Ich habe mich selbst oft mit der Erziehung meiner Kinder schwergetan, meine Menschenliebe und Harmoniesucht standen mir da im Wege. Am liebsten hätte ich mit meinen Kindern nur gelacht, Blödsinn gemacht, und gut is – aber das ist, wie gesagt und bei aller Liebe, der falsche Weg. Jetzt als Opa, da ist die Sachlage natürlich eine ganz andere: Da mache ich mit meinen Enkeln genau das, denn ich habe ja keinen Erziehungsauftrag mehr.

Das ist das Wunderbare am Opasein! Ich kann als Opa wie ein guter Freund sein: trösten, Ratschläge geben, Spielkamerad sein, auch mal unvernünftig sein und das ganz große, dicke Eis kaufen. Das genieße ich sehr, mein Sohn ist manchmal schon etwas eifersüchtig: Wenn ich ihn besuche, dann lasse ich mich von den Kleinen einnehmen. Wenn die Karten spielen wollen oder was vorgelesen bekommen möchten, dann lass ich mich mit Haut und Haaren darauf ein. Dann gehört Opa Horst für diese Zeit seinen Enkelkindern!

Und vielleicht sagen diese kleinen, wunderbaren Menschen eines Tages: Mit Opa Horst habe ich immer gerne gespielt, der war wie ein guter Freund. Das fände ich toll.

Interview mit Christopher Lichter

*E*s war mir völlig klar, dass ich nach dem Kapitel »Eltern und Kinder – Freunde?« unbedingt mit meinem Sohn Christopher sprechen musste. Wir sind uns sehr ähnlich, deswegen war ich neugierig, was er auf meine Fragen zu Freunden und Freundschaft antworten würde. Ich war dann aber doch überrascht, wie sehr wir uns auch in Freundesangelegenheiten ähneln – der Apfel fällt nicht weit vom Stamm, Herrschaftszeiten!

Es wurde ein sehr schönes, intensives Gespräch, bei dem wir beide den Mut hatten, auch Aspekte unserer Vater-Sohn-Beziehung anzusprechen, die uns nicht einfach über die Lippen gekommen sind. Allein dafür hat es sich gelohnt. Danke, mein Stoffel!

Was ist für dich Freundschaft? Was ist für dich ein Freund?

In erster Linie muss ein Freund ehrlich sein, ich muss mich auf ihn verlassen können. Der muss nicht immer Zeit haben, man muss sich auch nicht immer auf den Socken hängen. Ich finde es wichtig, dass man sich gegenseitig Sachen anvertrauen kann und füreinander da ist. Wenn Not am Mann ist, wenn ich Hilfe brauche, beim Umzug, beim Schleppen, egal was es ist. Ich muss einem Freund ehrlich sagen können: »Ich bin gleich da«, aber auch mal »Heute passt es nicht«. Ich finde, das macht einen guten Freund aus.

Also ist dir Ehrlichkeit wichtig. Was ist, wenn dein Freund dir Dinge sagt, die nicht so angenehm sind? Wärst du dann beleidigt, oder würdest du dir seine Kritik besonders zu Herzen nehmen?

Wenn man von einem echten Freund redet, dann muss man sich die Sachen zu Herzen nehmen und wirklich drüber nachdenken, finde ich. Wahrscheinlich fühlt man sich im ersten Moment ein bisschen auf die Füße getreten, aber ich würde auf jeden Fall über seine Kritik nachdenken. Er weist mich ja in dem Moment auf ein Fehlverhalten hin oder auf eine Situation, in der er sich aufgrund meines Verhaltens wahrscheinlich nicht so wohlgefühlt hat. Das würde ich sehr ernst nehmen.

Hast du noch Freunde aus dem Kindergarten?

Nein. Gar keinen mehr. Auch nicht aus der Grundschulzeit.

Das kommt mir bekannt vor. Warum? Was ist passiert?

Ich kann ja jetzt nur für mich sprechen. Ich glaube, kurz nach Abschluss der Schule, der Ausbildung, des Schulwechsels, da hat sich das auseinandergelebt. Jeder ging dann so seinen Weg, hat ein eigenes Leben aufgebaut, vielleicht eine Familie gegründet, andere Jobs, andere Entwicklungen angetreten.

Hattest du denn in der Zeit einen echten Freund? So einen, mit dem du alles gemacht hast? Mit dem du gelacht hast, geweint hast, Blödsinn gemacht hast? Oder war das immer eher so eine Clique oder ein paar Kumpels?

Wenn ich jetzt darüber nachdenke, dann waren es eher Kumpels und Clique, kein enger Freund. Aber das liegt vielleicht auch ein bisschen daran, dass ich zu dem Zeitpunkt in meinem Leben kein Bedürfnis nach einer tiefen Freundschaft hatte. Ich kann das heute gar nicht mehr so richtig einschätzen, aber ich vermute mal, dass mir die Geborgenheit der Clique damals vollkommen ausgereicht hat.

Findest du das schade?

Nein, gar nicht. Ich habe nicht das Gefühl, etwas vermisst zu haben. Die Clique war ja prima. Ich habe später mal bei dir im Restaurant, in der Oldiethek, ein paar Leute kennengelernt, und bei einem dachte ich, er wäre ein guter Freund. Was heißt »dachte«, wir waren eine Zeit lang richtig gute Freunde. Mit dem hatte ich genau diese Erlebnisse, die du beschreibst. Wir haben gelacht, wir haben geweint, wir haben viel unternommen. Das war ein Freund, der war klasse. Und dann hat der eine Freundin kennengelernt, und über seine Freundin hat sich dann alles auseinandergelebt. Komplett. Seitdem hatten wir keinen Kontakt mehr.

Warst du darüber sehr traurig?

Zuerst war ich es tatsächlich. Wir haben auch einige Jahre danach den Kontakt wieder aufgenommen und versucht, mal darüber zu sprechen, wie es zum Bruch kam. Ich habe ihn darauf hingewiesen, dass ich sein Verhalten als sehr verletzend wahrgenommen habe. Passend zum Thema Kritik unter Freunden, das du gerade eben angesprochen hast. Aber ich hatte nicht den Eindruck, dass er da Einsicht gezeigt oder Verständnis für mich hatte. Ganz im Gegenteil. Er hat es eher als Affront verstanden, als Schlag ins Gesicht.

So würde ich es mal beschreiben. Das hat mir aber auch ganz klar gezeigt: Okay, pass auf, dann war es das eben. Dann war das eben nur ein Freund auf Zeit, wir kommen nicht mehr zusammen.

Gibt es Freunde auf Zeit?

Ich glaube, ja, beziehungsweise: Ich bin davon überzeugt.

Also Freunde für Gelegenheiten, Arbeitsfreunde, einen Freund fürs Hobby oder einen Freund der Familie?

Klar. Wenn ich jetzt zum Beispiel an die Familie denke, da gibt es auf jeden Fall ein paar. Wenn wir uns mal treffen, dann ist das schön, dann gehen wir sehr freundschaftlich miteinander um. Wir unternehmen etwas. Wir haben Spaß, machen mal eine Oldtimerausfahrt zusammen. Bei einem ist es sogar so, dass ich mir sicher bin: Wenn ich ihn anrufe, ist er da. Aber ich empfinde es so, dass die Freundschaft eben nur durch das gemeinsame Familienband hält, was ja auch völlig okay ist.

Glaubst du, es gibt eine Freundschaft zwischen Eltern und Kindern?

Das ist eine sehr gute Frage. Darüber habe ich mir lange Gedanken gemacht. Da muss ich etwas differenzieren. Ich weiß nicht, ob ich das sagen darf, aber wenn ich mal mich und meine Mama betrachte: Wir lieben uns als Mutter und Sohn. Ich habe aber zu meiner Mama kein so enges freundschaftliches Verhältnis, dass ich sagen würde, ich rufe sie jetzt an, wenn ich so richtig schlecht drauf bin. Wenn ich irgendwas habe, was mich sehr bedrückt, wenn ich Probleme, Sorgen oder Nöte habe. Deswegen würde ich das Verhältnis zu meiner Mama eher als so eine familiäre freundschaftliche Beziehung sehen.

Wenn ich an die Freundschaft zwischen uns denke, dann gibt es zwei Aspekte: Da gibt es dich einmal als Freund – wenn wir Zeit miteinander verbringen, sei es beim Umzug oder beim Aufräumen in der Garage, beim Autoputzen, Oldtimerausfahren, was auch immer, das ist immer sehr schön. Da empfinde ich uns mehr als Freunde. Das nehme ich auch sehr lange mit, davon zehre ich.

Aber dann gibt es ja auch Momente, wo es mir mal nicht so gut geht, dann rufe ich dich an und versuche mit dir darüber zu sprechen. In diesen Gesprächen sind zwar auch viele freundschaftliche Aspekte drin, aber da dominiert ganz klar unser Vater-Sohn-Verhältnis, da gibt es immer den – ich nenne es mal – Lehrauftrag von Vater zu Sohn, was ich auch richtig finde.

Ich frage deswegen mit besonderer Neugier, weil du ja jetzt selbst Vater bist. Du hast drei tolle Kinder, und du hast wahrscheinlich auch schon festgestellt: Einem Freund kann man einen Ratschlag geben, den kann er befolgen, oder er lässt es sein. Deine Kinder musst du erziehen, da reichen Ratschläge oft nicht aus. Deinem Kind sagst du: Du musst einen Fahrradhelm tragen. Du gehst nur bei Grün über die Ampel. Du gehst zur Schule. Für deine Kinder musst du Entscheidungen treffen, die sie befolgen müssen. Diese Entscheidungen triffst du, weil du Angst um sie hast, weil du sie beschützen musst. Du wirst immer Angst haben um deine Kinder!

Ja, genau, weil sie mein eigenes Fleisch und Blut sind, meine Kinder. Ich habe eine große Verantwortung.

Richtig. Du wirst das selber noch intensiver erleben, noch sind deine Kinder ja relativ klein. Man möchte dieses freundschaftliche Verhältnis, aber glaube mir: Egal wie alt die werden, du willst sie immer beschützen, und dieses ewige Beschützen kann ein erwachsenes Kind ganz schön nerven. Deswegen ist das manchmal schwierig, der Übergang vom Vater zum väterlichen Freund. Du wirst das »Vatersein« nie ganz ablegen können. Aber wenn dieser Übergang zum eher freundschaftlichen Verhältnis gut funktioniert, dann kommen deine Kinder von ganz alleine und fragen dich um Rat, weil sie begreifen, dass du Lebenserfahrung hast und es immer gut mit ihnen meinst. Weißt du, mein Sohn, du hast hier eine Familie, wie man sie sich eigentlich nicht besser erträumen könnte. Du hast eine tolle Frau, die Kinder, das ist ja alles ein Träumchen. Ihr lebt ein ganz anderes Familienleben als das, was ich dir geben konnte. So ein harmonisches Aufwachsen konnte ich dir nicht bieten – ich war so oft weg, hab immer hart gearbeitet, die Scheidung von deiner Mutter. Bist du deswegen sauer auf mich?

Sauer nicht, eher manchmal etwas traurig, weil ich wahrscheinlich in der Jugend- oder Kinderzeit gerne mehr Beziehung oder Nähe zu dir aufgebaut hätte. Dafür habe ich später versucht, das in meiner erwachsenen Jugendzeit, der Zeit mit dem Moped, stärker nachzuholen. Damals bin ich immer wieder nach Schulschluss oder nach dem Feierabend in den Laden gefahren, um dir nahe zu sein, was ja auch ganz gut funktioniert hat.

Bist du deswegen so ein guter Vater? Weil du all das besser machen möchtest?

Ich glaube, das mache ich eher intuitiv, aus meinem eigenen Bedürfnis heraus. Ich denke da jetzt nicht: »Ich bin so wegen meinem Vater oder Stiefvater, ob positiv oder negativ.« Ich glaube eher: Weil mir die ganze Kinder- und Teenagerzeit mit dir fehlt, ist unser Verhältnis für mich auch viel mehr ein sehr freundschaftlich geprägtes Verhältnis.

Glaubst du an eine Freundschaft zwischen Mann und Frau? Oder spielt nicht irgendwann der Aspekt eine Rolle, dass einer von beiden doch mehr will?

Schwierig. Ich glaube, das wird nicht funktionieren. Ich bin davon überzeugt, dass zwangsläufig mehr draus wird. Das würde nicht bei einem Shakehands und Wir-gucken-mal-einen-Film bleiben. Kann ich mir nicht vorstellen.

Du glaubst also nicht, dass das funktioniert?

Nein, glaube ich nicht.

Da sind wir eigentlich der gleichen Meinung. In den meisten Fällen, die ich so kenne, ist es so, dass der eine vielleicht doch verliebt ist, es aber nie zugeben würde, um die Freundschaft nicht aufs Spiel zu setzen. Ich kenne eine Frau, von der ich sagen würde: Das ist eine echte Freundin. Vielleicht auch deswegen, weil sie sich sehr gut mit meiner Frau versteht und ich mich exzellent mit ihrem Mann. Das heißt aber eigentlich, dass wir eher zwei Freundespaare beziehungsweise ein Freundespärchen sind.

Lass uns bitte noch mal zum Anfang zurückkommen. Bist du traurig, oder denkst du, du hast etwas verpasst, wenn Bekannte von ihren alten Freunden sprechen, die sie schon seit der Schule kennen, und du nicht mitreden kannst?

Nein, darum bin ich überhaupt nicht traurig.

Weil du deine Familie hast, die so gut funktioniert?

Ich glaube, ja. Ich bin sehr glücklich, »my home is my castle«. Wenn ich zu Hause bin, dann vermisse ich nichts, dann bin ich einfach nur glücklich: Meine drei Kinder, meine Frau und meine Familie. Das ist schön, und dann ist da ja auch noch ein Freund, den ich sehr mag und sehr schätze, den ich jetzt auch schon seit 2011 kenne. Wir haben uns zwischendrin mal kurz aus den Augen verloren, weil er weggezogen und mittlerweile auch Papa geworden ist. Wir haben uns irgendwann aber wiedergefunden über seine Frau, die den Kontakt zu mir gesucht hat. Das ist ein richtig guter Freund; wenn wir uns sehen, ist es immer einfach nur schön. Da würde ich wirklich sagen: »Wenn der nicht mehr wäre, dann fände ich das sehr, sehr schade.«

Was denkst du über den Satz: Eine wahre Freundschaft verlangt nichts.

Das gefällt mir. Ich finde, wenn man sich ewig nicht sieht und dann wieder zusammenkommt, dann sollte man nicht nachtragend sein, nicht irgendwas Böses vorgehalten bekommen ... Man sollte sich einfach in den Arm nehmen und sagen: »Schön, dass du da bist, lass uns ein Bier trinken!« Das macht doch eigentlich eine echte Freundschaft aus.

Ja, das ist mein Credo. Wahre Freundschaft verlangt nichts.

Das ist wirklich ein tolles Fazit.

Ich bin in dem Buch durch tausend Gedanken gegangen. Am Anfang habe ich gesagt: Ein wahrer Freund ist für dich da, wenn du bankrottgehst, wenn du schwer krank bist, wenn du in einer finanziellen Notlage bist, wenn es dir seelisch schlecht geht. Als ich darüber nachdachte, kam ich jedoch zu dem Ergebnis: »Okay, dann möchte ich meinen wahren Freund eigentlich nie kennenlernen ...!« Das heißt: Freundschaft ist ein sehr schweres Thema. Aber am Ende denke ich, die für mich wichtigste Essenz von Freundschaft ist: Wenn wir uns treffen, machen wir da weiter, wo wir aufgehört haben. Und selbst wenn wir uns lange nicht gesehen haben – aus welchen Gründen auch immer –, du bist mein Freund, und ich bin für dich da. Wir rechnen nicht an, wir rechnen nicht auf. Ich frage dich jetzt: Hast du noch etwas? Ist dir noch etwas wichtig?

Ich bin wunschlos glücklich. Ich habe dir mein Herz ausgeschüttet.

Dann möchte ich nur noch sagen: Danke, mein Sohn, dass du mein Freund bist.

Wohlstand und Reichtum – Feinde der Freundschaft?

*A*uch wenn mich jetzt einige für verrückt erklären: Als ich für dieses Buch anfing, alles über Freundschaft zu überdenken, was ich bisher so gedacht habe, da kam mir ein Gedanke, der mich nicht sehr glücklich stimmte. Im Gegenteil: Als mir das erste Mal auf einer langen Autofahrt durch den Kopf schoss, dass Wohlstand und Reichtum echte Feinde von Freundschaft sein können, fand ich das sehr traurig. Beklemmend. Ich wollte auch gar nicht weiter darüber nachdenken, zum einen, weil ich mich sowohl betroffen als auch nicht betroffen fühlte, zum anderen, weil dieser Gedanke wirklich kein schöner ist.

Aber vielleicht sollte ich hier erst mal aufdröseln, warum mir der Gedanke überhaupt kam, und ihn dann von allen Seiten beleuchten.

Anfangen möchte ich in unserem Dorf, Ende der Vierzigerjahre bis Ende der Sechzigerjahre, in der Straße, in der ich groß wurde. Nach dem Krieg kamen viele Aussiedler, Vertriebene und Flüchtlinge von irgendwoher, die ein kleines Stück Land kaufen durften, die alle das gleiche Haus bauten. Das war immer die gleiche Doppelhaushälfte mit einem kleinen Schweinestall an der Seite, mit einem ordentlichem Stück Land dahinter, damit man Gemüse und Kartoffeln anbauen konnte, um sich selbst zu ernähren. Das war Rommerskirchen-Gill, das wuchs und größer wurde und doch immer so aussah: Jeder hatte diese kleine Haushälfte mit einem Stall und dem »Feldgarten«. Die einen Nachbarn hatten wie mein Vater Karnickel. Die anderen hatten Gänse und Enten, andere wiederum Hühner. Gepflanzt wurden Kohlrabi, Bohnen, Möhren, Kartoffeln, Sonnenblumen – alles, was gut wuchs und essbar war, fand man in irgendeinem Garten.

In der Zeit, in der die Häuser gebaut wurden und sich die ersten Familien in der Straße niederließen, also in der Zeit, als meine Großeltern dort anfingen zu leben und alles aufzubauen, da hat jeder jedem noch geholfen. Man hat gesammelt für Feiern wie Taufe, Kommunion oder runde Geburtstage. Man war füreinander da, jeder kannte jeden, man war befreundet. Die haben zusammen am Haus oder im Garten malocht, Feste gefeiert, die haben zusammen getrauert, wenn einer gestorben war – als alle am Anfang noch dasselbe hatten, als keine Familie sich materiell von der anderen unterschied, da war Friede, Freude, Zusammenhalt. Alle saßen im selben Boot.

Wir Kinder von unserer Straße haben alle zusammen gespielt, wir waren eine Gang. Klar, nachher kamen immer mehr Straßen dazu, immer mehr Land wurde bebaut und erschlossen, dann gab es irgendwann drei Straßen um die Ecke die »Strickerbande«, und wir waren die »Lichterbande«, wie das nun mal so war. Nichtsdestotrotz kannten sich alle in der Dorfgemeinschaft und waren auch irgendwo freundschaftlich miteinander verbunden. Es war ein bisschen so wie in den Zechensiedlungen im Ruhrgebiet oder den klassischen englischen Arbeitervierteln. Alle waren mehr oder minder gleich.

Das änderte sich allerdings bei uns im Dorf mit dem Aufkommen des Wohlstandes. Am Anfang hatten wir bei uns in der Siedlung nur zwei oder drei Autos. Nach und nach bekam fast jeder ein eigenes Auto, und irgendwann stellten sich die ersten Familien sogar einen Zweitwagen vor das Haus. Dann kamen die ersten, zweiten oder dritten Kinder, also wurden die Häuser umgebaut und größer gemacht. Wir haben den Stall umgebaut und in Wohnraum umfunktioniert.

Je mehr umgebaut, abgerissen und neu gebaut wurde, je höher Hecken und Gartenzäune wurden, desto mehr veränderten sich auch die Menschen. Neid, Missgunst und Ärger über die Änderungen und Anschaffungen kamen auf, und urplötzlich hat man sich – was vorher undenkbar war – gestritten und gegenseitig verklagt: Die Garage ist zu groß, der Baum wächst über den Zaun, der Anbau nimmt die Sicht, der macht dieses, der ist zu laut, das Kind macht jenes – dem haue ich auf die Finger.

Aus Freunden wurden streitende Nachbarn, das war das Ende der Solidarität und Freundschaft. Konkret: Mit dem Wohlstand, der einigen Leuten bessere Lebensqualität brachte, zerbrachen viele Freundschaften. Also kann ich schon mal aus eigener Erfahrung feststellen: Wohlstandsunterschiede zwischen Freunden können zu Spannungen führen. Wenn eine Person wesentlich wohlhabender ist als ihre

Freunde, können sich diese unwohl fühlen. Neid und Spannungen können die Freundschaft belasten.

Jetzt kann man natürlich sagen: Okay, ist ja nicht weiter schlimm, dann finden sie eben neue Freunde unter ihresgleichen. Aber das finde ich auch traurig, denn da findet etwas statt, was zur Entfremdung der Menschen beiträgt. Reiche verkehren nur noch mit Reichen, die Armen mit den Armen, jede Schicht bleibt für sich. Freundschaft zwischen den Schichten ist sehr selten, denn die Welten, in denen beide leben, sind viel zu verschieden.

Wohlhabende verlieren oft den Fokus für die Nöte und schwierigen Lebensumstände der einfachen Leute, weil sie nicht betroffen sind. Viele reiche Menschen, die ich kenne, kommen wie ich aus sehr einfachen Verhältnissen. Sie glauben, weil sie von unten kommen, dass sie immer noch wüssten, was es bedeutet und wie es sich »anfühlt«, wenig Geld zu haben. Das ist natürlich ein großer Irrtum. Ob ich sparsam sein will und Verzicht übe oder ob ich verzichten muss, das ist ein großer Unterschied. Mit voller Buxe ist gut stinken! Ich fahre auch gerne mit einem kleinen Auto rum, aber ich muss es nicht. Wer genug Geld für teuren Urlaub oder einen eigenen Pool im Garten hat, der braucht auch nicht mit tausend anderen in ein übervolles Freibad gehen.

Aber ab und zu sollte jeder – und das meine ich völlig ernst – mal ins öffentliche Freibad gehen. Denn im Freibad laufen ja alle gleich rum. Badeanzug, Badehose, mehr nicht. Man sieht niemandem an, was er auf dem Konto hat, geschweige denn, ob er mit dem Fahrrad oder der Luxuslimousine angereist ist. Was zählt, wenn man sich fast nackt unterhält: Höflichkeit, Respekt und Interesse am Gesprächspartner. Egal ob schwarz oder weiß, reich oder arm, hyperintelligent oder normal: Mensch ist Mensch. Ich kann mich mit jedem anfreunden, ich rede nicht nur mit Promis, Millionären und Stars, sondern eigentlich mit jedem, der mir höflich und nett gegenübertritt. Manchmal habe ich den Eindruck, dass all diese genannten Tugenden zurzeit an allen Ecken und Enden fehlen. Und überhaupt, was heißt das schon, berühmt zu sein, was will man sich darauf einbilden? Ein kluger Mensch hat mal gesagt: »Ruhm verändert dich nicht. Er erlaubt dir nur, das Arschloch zu sein, das du schon bist!« Wie wahr.

Ich bin auch nach all den Jahren des Erfolges einer von denen, die es zu Wohlstand und einer »vollen Buxe« gebracht haben. Und wenn ich diesen Erfolg mit Mitte zwanzig erlebt hätte, dann wäre ich wahrscheinlich zum Arschloch mutiert. Denn wenn man jung ist und die Taschen voller Geld hat, dann braucht man schon viel Reife und Lebenserfahrung, um nicht mit der Knete um sich zu schmeißen. Dicke Luxusautos, teure Klamotten: Die Liste der Geldverbrennungsmöglichkeiten ist lang. Ich glaube, ich wäre auch den üblichen Verführungen erlegen, und zwar weil mir komplett die Demut und Dankbarkeit für diesen Erfolg gefehlt hätte, das Verständnis dafür, dass so eine Karriere nicht selbstverständlich ist. Klar braucht man Talent und Fleiß. Man muss aber auch viel Glück und Ausdauer haben, zur rechten Zeit am rechten Ort sein und die richtigen Leute treffen. Wie gesagt – ich glaube, das hätte ich als junger Mann nicht zu schätzen gewusst.

Aber wie schafft man es, als junger Star seine Freunde in so einem Entwicklungsprozess zu behalten? Die alten Kumpels sind einem entfremdet, sie leben in einer normalen Welt: Sie studieren oder sind angehende Handwerker und haben nicht viel Geld in der Tasche. Nein, ich bin sehr froh darüber, erst spät Karriere gemacht zu haben. Das hat es mir ermöglicht, viele neue Freunde in meiner »neuen« Berufswelt zu finden, als ich reif und menschlich genug gefestigt war, um meine alten Freunde nicht zu vergessen.

Was unheimlich dabei hilft, Kontakt zu alten Freunden zu halten, ist ein Hobby. Ein gemeinsames Hobby verbindet Freunde, auch wenn sie in unterschiedlichen wirtschaftlichen Verhältnissen leben.

An dieser Stelle möchte ich von einem guten Freund von mir erzählen. Der ist noch mal gut zwanzig Jahre älter als ich, ist megareich geworden, kommt aber aus einfachsten Verhältnissen. Ein Self-made-Millionär, wie er im Buche steht. Der hat zum Beispiel eine riesige Sportwagensammlung gehabt, alle in Rot und Schwarz. Irgendwann habe ich ihn gefragt: »Warum nimmst du nicht mal eine andere Farbe?« Seine Antwort war: »Horst, ich möchte nicht so auffallen, weißt du. Meine Jungs, meine Freunde, die sollen nicht wissen, dass ich so viele habe. Das tut doch nichts zur Sache.«

Er wollte kein Bohei machen, mit seinen Freunden vom Stammtisch wollte er nicht über seine teuren Autos reden, sondern über das Leben, über die Familien. Alle erzählten ungeachtet ihres Berufes oder Vermögens über ihre Ängste, Freuden und das, was in der Welt gerade passierte, einmal im Monat, in einer richtig angeranzten Kneipe in der Stadt. Da haben sich diese Stammtischfreunde ihr Leben lang getroffen, zusammen gekocht, viel erzählt, Bier getrunken, und gut war's. Das war ihr Punkt. Die haben das immer schon gemacht: Der eine war Totengräber, der andere Beamter, Gärtner – eine kunterbunte Truppe. Ganz einfache Leute, und er als Millionär mittendrin. Der Stammtisch hat sie vereint, in der Kneipe waren alle gleich. Doch keiner hätte jemand für längere Zeit mitgenommen in seine Welt außerhalb des Stammtisches, das hätte nicht funktioniert.

Diese Geschichte zeigt, dass es eine Möglichkeit gibt, mit alten Freunden verbunden zu bleiben, auch wenn man in unterschiedlichen Gesellschaftsschichten lebt. Man braucht etwas, das verbindet.

Bei mir und meinen alten Freunden – mit denen ich mich, wenn wir zusammenkommen, immer noch so wohlfühle, als wäre die Zeit stehen geblieben – sind es die Autos und Motorräder. Wir haben halt alle diesen gleichen Spleen. Den berühmten Nagel im Kopf. Und wenn das der Punkt ist, der alle verbindet, dann ist es vollkommen egal, ob der eine jetzt ein Motorrad hat, das er schon seit 35 Jahren fährt, oder ob der andere dreißig, vierzig oder fünfzig Motorräder hat. Das ist die Verbindungsstelle. Darum haben wir uns was zu erzählen.

Natürlich ist das schön, wenn man viele Freundschaften über die Jahre hinweg erhalten kann, aus welchen Gründen auch immer. Es kann aber auch sein, dass man Freunde verlässt oder verliert. Das passiert meistens noch nicht mal absichtlich, es ist eher ein schleichender Prozess.

Ich möchte das mal an meinem Lebenslauf verdeutlichen: Ich komme aus diesem einfachen Dorf Rommerskirchen. Irgendwann, nach vielen Jahren, habe ich dort meine Zelte abgebrochen und mich auf den Weg in eine andere Welt, die Welt des »Showbusiness«, gemacht – die Glitzerwelt des Fernsehens, die wenig mit Realismus zu tun hat und in der man schnell die Verbindung zur »normalen« Welt verlieren kann. Nicht weil man in der Scheinwerferwelt nicht hart arbeiten müsste, im Gegenteil: Wer nach oben will und an der Spitze bleiben möchte, darf sich vor viel Arbeit nicht bange sein. Aber es ist eine sehr in sich geschlossene Welt, die sich von der normalen unterscheidet.

Diese neuen Erfahrungen musste ich auch erst verarbeiten, das war für mich nicht immer leicht, da ich ja schon in einem Alter war, in dem andere langsam auf die erste Midlife-Crisis zusteuerten. Ich habe diese Herausforderung angenommen, mich weitergebildet, mich weiterentwickelt, bin in mein neues Umfeld eingetaucht und später mit ihm verschmolzen.

Wenn das passiert, kann man sehr schnell die Verbindung zu alten Freunden verlieren, das passiert wahrscheinlich den meisten Menschen nicht mal absichtlich. Am Anfang nimmt man die Mühen noch auf sich und versucht, die alten Kontakte zu pflegen. Aber oft genug verläuft alles im Sande. Die Entfernung ist zu groß, zu viel Arbeit, neue Kontakte, neue Freundschaften. Die alten Kumpels bleiben in ihrem Umfeld, in ihrer Welt und der dazugehörigen Weltanschauung. Sie registrieren vielleicht sogar die Bemühungen des »Abtrünnigen«, die alten Freundschaften zu erhalten.

Leider habe ich aber auch erleben müssen, dass diese Bemühungen nicht honoriert werden. Stattdessen bekommt man die Sprüche serviert, die dann doch schwer nach Neid klingen: »Kennst ja jetzt keinen mehr von uns, bist ja nur noch mit den Berühmten und Reichen unterwegs. Trinkst du überhaupt noch Bier, oder gibt es jeden Tag Champagner? Für uns hast du ja keine Zeit mehr!« Undsoweiterundsofort. Unverständnis, Missgunst und Frust verdrängen freundschaftliche Gefühle, Empathie und die unheimlich wichtige Charaktereigenschaft, »gönnen zu können«. Insofern kann Wohlstand also tatsächlich schädlich für Freundschaft sein. Oder zumindest ein schwerer Prüfstein.

Es gibt dieses Lied von Marius Müller-Westernhagen, das heißt »Mit 18«. In dem Lied beklagt ein reich gewordener Mann sein Schicksal und sehnt sich »zurück auf die Straße«, um dort wieder »geil und laut« zu singen. Die alte Jugendzeit, in der er nichts hatte, außer mit seinen Freunden in einer Rockband für wenig Geld von Club zu Club zu ziehen, das war die Zeit, die der reiche Mann jetzt am meisten vermisst.

Wenn es einen ähnlichen Mann irgendwo in Deutschland geben sollte, würde ich ihm Folgendes raten: Vielleicht sollte er mal wieder seine alte Band zusammentrommeln, ein bisschen Zeit mit den Jungs verbringen und wieder gemeinsam Spaß haben. Natürlich sind die alten Zeiten für immer fort, aber man kann mit den alten Freunden trotzdem immer noch viel Freude haben, trotz verschiedener Kontostände, Bildung, Erfolge oder Lebensweisen.

Das Hobby verbindet und bügelt die Ungleichheiten glatt, wie bei meinem Freund Peter und mir. Nach unserer guten Freundschaft in unserer Jugendzeit gingen unsere Wege auseinander, er hat sich nie besonders um mich bemüht, ich habe mich nie besonders um ihn bemüht. Aber da war durch unser Hobby, unsere Liebe zu den alten Mopeds, eine Verbundenheit, die wir beide wahrscheinlich nicht erklären können, die uns immer wieder zusammengeführt hat – und wenn es nur Stunden waren. Wenn er urplötzlich schreibt und wir uns dann auch treffen, wenn ich bis heute einfach ab und zu vorbeifahre und denke: »Da oben wohnt Peter, jetzt hältst du einfach mal und klingelst!«, dann freue ich mich darüber, dass wir uns trotz meiner Karriere und all der Veränderungen als Freunde nicht verloren haben.

Im Alter hat unsere Freundschaft sogar noch an Tiefe gewonnen. Natürlich haben wir als Jugendliche nie extrem tiefschürfende Gespräche geführt, das kommt erst jetzt im Alter, da sitzen wir zusammen und reden darüber: »Was ist eigentlich mit der Welt los? Warum gibt es so viele Kriege, wie verändert sich die Gesellschaft? Sind wir jetzt in einem Alter, in dem wir der Gesellschaft noch etwas geben können, oder sind wir Boomer schon kurz vor der Rente mit Seniorenpass und Rheumadecke?«

Natürlich kann Wohlstand Freundschaft erschweren und behindern. Aber nicht nur ein gemeinsames Hobby kann gegensteuern. Auch Großzügigkeit und Teilen sind Tugenden, die verbinden können. Denn Reichtum kann die Möglichkeit bieten, großzügig zu sein und anderen zu helfen, was wiederum die Freundschaft stärken kann. Und selbstverständlich können Freunde einander auch unabhängig vom Wohlstand in schwierigen Zeiten emotional und praktisch unterstützen. Man braucht kein Geld, um gut zuzuhören oder zu trösten. Man braucht kein dickes Portemonnaie, um beim Umzug oder Renovieren zu helfen. Dazu braucht man nur Empathie, Hilfsbereitschaft und ein gutes Herz.

Freunde aus unterschiedlichen sozialen Schichten können viel voneinander lernen, und wenn sie ihre Erfahrungen teilen, kann das ihre Freundschaft ungemein bereichern. So verhindern beide, dass sie nur in ihrem eigenen Saft schmoren, nur die Sichtweisen ihrer eigenen Bubble wahrnehmen. Aber dazu gehört Ehrlichkeit und Offenheit: Wer ehrlich und angstfrei über seine eigenen Ängste und Bedürfnisse spricht, kann Misstrauen und Missverständnisse vermeiden. Ob Wohlstand also Freundschaft verhindert oder nicht, hängt von so vielen verschiedenen Faktoren ab. Es liegt wie immer auch an uns selbst, was wir daraus machen.

Ich habe lange Zeit in einer Gegend gewohnt, in der sehr viele reiche Menschen leben: tolle, wahnsinnig große Häuser mit sehr hohen Mauern drum herum. Da gab es eine Privatstraße, die gehörte den Leuten, deren Häuser da standen. Und vorne, rechts und links standen jede Menge Bäume, die in den jeweiligen Jahreszeiten viele Blätter und Blüten verloren haben. Dadurch verdreckte der Bürgersteig ziemlich, was aber die Eigentümer nicht sonderlich störte. Das habe ich mir zwei, drei Monate angeguckt, dann habe ich mir einen Kärcher genommen und alles sauber gemacht. Die haben mich trotzdem angehupt, als sie rauswollten mit dem Auto.

Da habe ich gedacht: Die sitzen alle in ihren Wohlstandshütten, und die Straße und der Bürgersteig draußen vermüllen. Aber keiner von denen fühlt sich zuständig. Die motzen zwar alle, tun aber nix. Getreu dem Motto: Solange wir noch mit dem Ferrari drüberkommen, ist ja alles gut.

Das ist unanständig, ich verstehe das nicht. Eigentum verpflichtet, das steht im Grundgesetz. Diese gut verdienenden Menschen – denen ich jeden Cent gönne – können ja auch jemanden dafür bezahlen, der das Reinigen übernimmt. Dadurch bekommt jemand Arbeit, Lohn und Brot, und allen ist geholfen. Aber da hat jeder gedacht: »Ja, mein Gott, wenn die von gegenüber oder nebenan das nicht tun, tue ich es erst recht nicht. Ich fahr drüber, mir egal, ich sehe es ja nicht. Wenn mein Tor wieder zugeht, sehe ich das nicht mehr, und alles ist in Ordnung.«

Ich bin sogar mit dem Hund spazieren gegangen in diesem Villenviertel, wo wohl die meisten Milliardäre aus NRW leben, und ich hatte immer zwei Plastiktüten dabei: eine für die Hinterlassenschaften meines Hundes und eine, um den Müll einzusammeln, der einfach so rumlag. Weil er mich aufgeregt hat. Ich war nicht der Müllmann für die feinen Herrschaften, aber es hat mich gestört, und wenn es mich stört, kann ich mich entweder beschweren, schreien – aber davon geht der Müll nun mal nicht weg – oder ich bücke mich und hebe ihn auf. Vielleicht sieht es jemand und schämt sich, dass er ihn dahin geworfen hat. Aber einer muss ja anfangen, so sehe ich das.

Jetzt wohne ich wieder in der Nähe meines Heimatorts. Da fühle ich mich sehr wohl, hier wohnen Leute, die ich schon ewig kenne. Hier grüßt man, wenn man einen Raum betritt. Hier redet man miteinander, hilft sich gegenseitig, passt aufeinander auf. Das gefällt mir sehr gut.

Viele meiner Freunde und Bekannten haben mich anfangs gefragt: »Mein Gott, Horst, wie kannst du denn dahin gehen? Warum? Du hast doch in so einer vornehmen Gegend gewohnt?«

Meine Antwort war immer gleich: »Weil ich da meine Ruhe habe, weil da die Menschen ehrlicher sind. Da muss keiner zeigen, was er hat, was er kann, was er tut. Da grüßen sie. Da wird gemacht, was gemacht werden muss. Da gibt es Nachbarschaftshilfe, da wird Bescheid gesagt, wenn du vergessen hast, die Mülltonne rauszubringen. Die gute, alte Dorfgemeinschaft.«

Ich bin im besten Sinne ein Dorfmensch, also jemand, der Spaß haben kann an der schönen Stadt, aber lieber auf dem Dorf wohnen möchte. Wie heißt es doch so schön über Menschen wie mich: Du kriegst die Menschen aus dem Dorf, aber das Dorf nicht aus den Menschen. Und das ist gut so. Ich muss nicht mehr in irgendeinem mondänen Promiviertel wohnen, davon bin ich geheilt.

Warum ich das erzähle? Als ich dieses Buch geschrieben habe, kam in einer ZDF-Sendung – ich glaube, es war im »heute journal« – ein Bericht über eine junge Studentin, die in Zeiten horrender Mieten für Studentenbuden, gestiegener Energiepreise und teurer Lebensmittel mit sehr wenig Geld auskommen muss. Obwohl sie mehrere Nebenjobs hat und offensichtlich sehr fleißig ist, kommt sie kaum mit dem Geld, das ihr zur Verfügung steht, über die Runden. Ihr Fazit: Wenn sie ab und zu von ihren Freundinnen aufgefordert wird, sich mit ihnen zum Essen oder auf eine Tasse Kaffee zu treffen, dann kommt sie kaum noch mit, weil sie sich das nicht leisten kann. Weil es ihr auch unangenehm ist, permanent zu sagen, dass sie kein Geld hat, bleibt sie lieber allein zu Hause.

Ich stelle fest: Der Kontostand hat unbestritten Auswirkungen auf Freundschaft, ob reich oder arm. Man kann das nicht pauschalisieren, aber mein Eindruck ist, dass sich arme Menschen zurückziehen oder nur in ihrer Schicht verkehren und sich reiche Menschen eher nur noch unter ihresgleichen wohlfühlen.

Aber eins habe ich am eigenen Leib erfahren, wenn ich in der Welt unterwegs war: Die Menschen, die wenig haben, sind meiner Erfahrung nach stets bereit, das wenige, was sie haben, freundlich zu teilen. Ich bin noch nie von einfachen Menschen abgewiesen worden. Ich wage sogar folgende Aussage: Geht mal durch ein Viertel, wo normale Menschen wohnen, klingelt an der Tür und fragt nach einem Glas Wasser, weil ihr Durst habt. Ich bin mir hundertprozentig sicher, dass ihr öfter Wasser bekommt als in einem teuren Villenviertel. Da gehe ich jede Wette ein.

Wenn wir darüber reden, was Wohlstand für Auswirkungen auf Freundschaft haben kann, dann müssen wir an dieser Stelle auch darüber reden, dass mich vor allem die Einstellung vieler wohlhabender Menschen betrübt. Manche Leute glauben, ihr Wohlstand mache sie zu wertvolleren Mitgliedern der Gesellschaft, sie könnten sich mit dickem Konto alles erlauben. Das macht mich wahnsinnig, denn so ticke ich nicht, so bin ich nicht erzogen worden.

Ich kann hier guten Gewissens behaupten: Mein Reichtum lässt mich nicht gegen meine Überzeugungen handeln. Ich verliere nicht den Respekt vor Menschen, ob arm oder reich. Ein Arbeiter, der sich für seine tausend Euro pro Monat den Körper kaputt macht, ist für mich genauso viel wert wie der millionenschwere Vorstandsvorsitzende. Eine Pflegekraft, die sich im Altenheim oder im Krankenhaus für viel zu wenig Lohn abschuftet, bekommt meiner Meinung nach viel zu wenig Wertschätzung.

Wir alle, ob TV-Stars, Krankenpfleger, Wirtschaftsmagnaten, Bauarbeiter, Lehrer oder Hilfsarbeiter, müssen zum Gemeinwohl beitragen, unsere Mitmenschen respektieren und achten. Wir müssen Verständnis füreinander aufbringen, egal welchen sozialen Status man innehat. Wenn jeder das berücksichtigt und verinnerlicht, dann ist das schon ein wichtiger Schritt, um freundschaftsfähig zu sein und Freundschaften zu erhalten – und zwar unabhängig von Status, Bildung oder Kontostand.

Ich bin sehr froh und dankbar darüber, dass mein Erfolg und Wohlstand für meine alten Freundschaften nicht zum Problem wurden. Für mich steht und fällt alles mit der eigenen Einstellung: Ich bin ein Menschenfreund, bin es immer gewesen, unabhängig von meinem Kontostand. Daran hat sich nichts geändert. Vielleicht bin ich etwas vorsichtiger geworden, etwas weniger vertrauensselig. Aber wer mir *freund*-lich gegenübertritt, der kann sich nach wie vor sicher sein, dass ich *freund*-lich antworte. Das gilt für meine alten Freunde und für Menschen, die ich neu kennenlerne und die vielleicht mal meine Freunde werden könnten.

Freundschaft auf dem Prüfstand:
Wer ist mein Freund, was darf ein Freund, und bin ich mein eigener Freund?

Ich bin der Meinung, dass Freundschaft eine andere Meinung vertragen muss. Freunde sollten sich untereinander kritisieren dürfen, denn jeder benimmt sich ab und zu mal daneben oder sagt etwas, was den anderen verletzt.

Aber Vorsicht: Der Ton macht wie immer die Musik. Nicht jeder kann damit umgehen, eine andere Meinung brutal an den Kopf geschmissen zu bekommen. Kritik an Freunden sollte deswegen auch nie wertend sein, nie den Freund infrage stellen. Stattdessen sollten man ihm lieber mitteilen, warum man sein Verhalten als verletzend wahrgenommen hat, ihn fragen, ob er sich dessen bewusst ist, dass man sein Verhalten auch ganz anders wahrnehmen kann, als er es vielleicht gemeint hat.

Auch ungefragte Kritik halte ich in den meisten Fällen für nicht angebracht: Was hast du denn für einen doofen Haarschnitt, was trägst du denn für einen komischen Mantel, was soll denn dieser doofe Schmuck – das sind Bemerkungen, die man sich besser verkneifen sollte. Denn die meisten tragen Mode oder eine Frisur – und das sollte sich jeder mal klarmachen, bevor er ungefragt kritisiert –, weil sie die schön finden.

Also: Klappe halten, wenn man nicht gefragt wird. Wenn ich allerdings gefragt werde, wie ich dieses oder jenes finde, dann antworte ich Freunden grundsätzlich ehrlich, auch wenn meine Antwort von ihrem Geschmack abweicht. Auch eine andere politische Meinung muss eine Freundschaft vertragen, solange die Grundsätze der Demokratie und Menschenrechte eingehalten werden.

Darf ich mich aber in die Beziehung meiner Freunde einmischen? Was tun, wenn ich mit einem Pärchen befreundet bin und herausfinde, dass einer der beiden den anderen betrügt? Muss ich dann etwas sagen oder schweigen? Ich habe bei dem Thema jahrelang eine eindeutige Meinung gehabt, nämlich dass ich mich auf jeden Fall äußern würde, auch ungefragt.

Dann hat mir ein guter Freund seine Geschichte erzählt: Er hatte einen Menschen durch Zufall kennengelernt, und die beiden verstanden sich auf Anhieb gut. Sie wurden ein Herz und eine Seele, wie man so schön sagt, die waren wie siamesische Zwillinge. Beide waren verheiratet, verbrachten aber unheimlich viel Zeit miteinander. Alleine, aber auch zusammen mit den Ehepartnern. Urlaube, Freizeitaktivitäten, alles wurde in schönster Eintracht geplant und erlebt. Die beiden hatten nämlich auch noch die gleichen Hobbys; es war alles zu schön, um wahr zu sein. Und dann passierte es: Sein Freund lernte eine Frau kennen. Immer häufiger geschah es, dass die Frau sich zu den Freunden gesellte. Irgendwann kam auch heraus, dass die beiden ein Verhältnis miteinander angefangen hatten.

Was nun?, fragte sich mein Freund. Sollte er einfach weitermachen wie bisher und der Frau seines Freundes nix sagen? Das brachte meinen Freund in schwere Gewissenskonflikte. Seinen Freund schien das alles nicht zu interessieren. Er wollte einfach weitermachen, seiner Frau und der Frau meines Freundes aber natürlich keinen reinen Wein einschenken. Mein Freund entschied sich, den Schwerenöter zur Rede zu stellen: »Du, pass mal auf, das finde ich nicht richtig, das geht so nicht.«

Das Ergebnis war eine Katastrophe. Die ganze Sache flog allen um die Ohren, am Ende waren die beiden Freunde nicht mehr befreundet. Die Frauen der beiden Freunde waren nicht mehr befreundet. Mein Freund war am Boden zerstört, hatte mehrere Monate Albträume und ein schlechtes Gewissen. Ich weiß nicht, wie oft er zu mir gesagt hat: »Horst, ich hätte mich da nicht einmischen, keinen Rat geben dürfen. Mein Freund hätte selbst entscheiden müssen, was immer er auch entschieden hätte.«

Ich habe ihm damals gesagt, dass es meiner Meinung nach in solchen Dingen kein »falsch« oder »richtig« gibt. Manchmal ist es richtig, sich einzumischen, manchmal macht man vielleicht alles kaputt.

Dann ist mir Ähnliches passiert. Ein Freund von mir war schon seit Ewigkeiten mit seiner Frau verheiratet. Eine richtige Bilderbuchehe, alles bestens. Dann passierte der Klassiker: Er lernte eine jüngere Frau kennen, er machte ihr schöne Augen, sie machte ihm schöne Augen, aus dem Schauen wurde mehr, und ich war mit der Situation völlig überfordert. Da war ich in derselben Situation wie mein Freund: Sollte ich meinen Freund kritisieren, weil er seine Frau betrog? Hatte ich das Recht, ihm ungefragt zu sagen, wie ich über sein Verhalten dachte? Ging mich die ganze Angelegenheit überhaupt was an? Oder war es meine Pflicht als Freund, Stellung zu beziehen, seine Moral zu tadeln? Was hatte ich aus der Geschichte meines anderen Freundes gelernt? Ich entschied mich, ihm den Kopf zu waschen, weil ich trotz allen vorsichtigen Abwägens der Ansicht war, dass eine Freundschaft das »abkönnen« muss. Das Resultat war niederschmetternd: Dadurch ist die Freundschaft zwischen ihm und mir komplett zerbrochen.

Heute, mit dem Abstand vieler Jahre, habe ich meine Meinung in dieser Angelegenheit komplett geändert: Ich hätte mich da nicht einmischen dürfen. Es ging mich nichts an, das hätte er mit seiner Frau und seiner Freundin klären müssen oder aber eben nicht. Ich hätte ihm jedenfalls kein Ultimatum stellen dürfen, dass er die Sache zu regeln hat.

Zwei Geschichten mit schlechtem Ausgang. Aber ich hüte mich trotzdem davor, aufgrund dieser Erfahrungen zu sagen: »Lasst da bloß die Finger von und mischt euch nirgendwo ein!« Ich bin vielmehr der Meinung, dass solche Situationen immer eine große Belastungsprobe für Freundschaften bleiben werden und es für sie keine allgemeingültige Lösung gibt, dazu sind wir Menschen zu unterschiedlich. Wo ein Freund sagt: »Hättest du doch nur einen Ton gesagt«, sagt der nächste: »Hättest du doch bloß nichts gesagt«. Ich hoffe allerdings inständig, nie mehr in so eine Geschichte verwickelt zu werden.

Bei den vielen Gesprächen, die ich mit Freunden, Kumpels und Bekannten über das Thema Freundschaft geführt habe, fiel oft auch der Satz: »Meine Frau ist auch mein bester Freund, mit ihr kann ich alles teilen, wir gehen durch dick und dünn!« Komischerweise hat mich dieser Satz immer etwas ratlos gemacht. Ist meine Frau mein bester Freund? Will ich das wirklich? Ich glaube nicht, aber ich schreibe hier bewusst »Ich glaube nicht«, denn ich bin mir nicht hundertprozentig sicher.

Meine Frau ist mein Ehepartner, und ich liebe sie über alles. Aber jemand, den ich so sehr liebe, würde ich dem auch immer alles mitteilen wollen, was mich umtreibt? Ich möchte sie auf jeden Fall immer beschützen, sie nicht belasten. Auf der anderen Seite möchte ich auch alles mit ihr teilen. Doch vielleicht komme ich ja mal in meinem Leben an einen Punkt, wo ich Gedanken in meinem Kopf habe, mit denen ich meine Liebste nicht belasten möchte, die ich lieber für mich behalten will, weil ich meiner Frau einfach nicht alles sagen will, was mich umtreibt, ihr nicht wehtun möchte oder befürchte, dass sie sich zu viele Sorgen macht. Einem Freund würde ich diese Probleme wahrscheinlich erzählen, denn er ist ja nicht mein Partner. Dafür sind doch Freunde da, oder? Aber auch hier gilt: Das muss jeder selbst wissen, wie er das handhabt.

Natürlich werden wir auch manchmal damit konfrontiert, dass wir von Freunden enttäuscht werden. Ich erinnere mich noch sehr gut an die Zeit, als ich mein Restaurant, meine Oldiethek in Rommerskirchen, endgültig geschlossen habe. Wir haben einen großen Räumungsverkauf gemacht, das war ein sehr emotionaler Ritt durch eine bewegte Zeit.

Es kamen wahnsinnig viele Menschen, die irgendwas kauften, um sich an diese schöne Zeit zu erinnern. Da waren Stammgäste, die ich sehr mochte, mit denen ich beim Verkauf noch einmal gelacht und geweint habe. Aber da waren auch ein paar Leute, von denen ich dachte, sie sind meine Freunde. Die haben auf einmal, obwohl etwas nur noch einen kleinen Obolus gekostet hat, der sowieso für einen guten Zweck gespendet wurde, kleinlich mit mir verhandelt und gefeilscht. Die haben mit dem Finger auf mich gezeigt und gesagt: »Hast du überhaupt mal überlegt, was ich jetzt machen soll?« Das war sehr enttäuschend.

Auf der anderen Seite gab es auch so viele schöne Momente. Wildfremde Menschen kamen auf mich zu, die vielleicht nur einmal bei mir eingekehrt waren, die aber trotzdem bitterlich geweint haben, weil ich aufgehört habe. Das hat mich umgehauen, die standen da und sagten: »Horst, wir wünschen dir alles Gute. Du machst das richtig, aber wir sind wirklich traurig. Wir werden das alles hier vermissen.« Nach dem Verkauf war ich also auf der einen Seite glücklich, dass so viele Menschen mir gut gewogen waren, auf der anderen Seite natürlich auch entsetzt, dass sich so viele Freunde als genau das nicht herausgestellt haben: als Freunde. Man lernt nie aus.

Wenn wir uns schon mal mit den Problemen beschäftigen, die in einer Freundschaft auftauchen: Es gibt eben nicht nur Freude in einer Freundschaft, so viel ist längst klar. Natürlich gibt es auch dunkle, schwere Zeiten, in denen eine Freundschaft sehr hilfreich sein kann.

Der berühmte Philosoph Francis Bacon brachte im Jahre 1625 einen Satz über die Macht der Freundschaft zu Papier, der mich tief beeindruckt hat: »Sie verdoppelt die Freude und halbiert das Leid.« Ich habe lange drauf rumgekaut. Natürlich hat Bacon recht; wenn man einsam ist, liegt einem das Leid tonnenschwer allein auf den Schultern. Mit einem Freund halbiert sich das Leid, weil du einen hast, der dir hilft, es zu ertragen, im wahrsten Sinne des Wortes.

Und schon bin ich wieder da, was ich am Anfang meiner Freundschaftsreise formuliert habe: Den wahren Freund erkennt man dann, wenn es wirklich nicht gut läuft im Leben, weil dann ist der Freund an deiner Seite, während sich die Maulhelden und Schönwetterfreunde längst vom Acker gemacht haben. Wer einen richtigen Freund hat, geht an den schlimmen Dingen nicht kaputt. Wie sage ich immer – wenn zwei im Ameisenhaufen sitzen, ist es zwar für beide schlimm, aber es ist nicht so schlimm, als wenn man allein drinsitzt.

Allein sein, so ganz ohne Freunde, das kann sehr schlimm sein. Erinnert ihr euch an den Film »Cast Away – Verschollen«? Tom Hanks landete nach einem Flugzeugabsturz auf einer einsamen Insel, sein einziger Freund war »Wilson«, ein Volleyball, dem er ein Gesicht aufgemalt hatte. Der Ball wurde sein Gesprächspartner, sein Freund, und als er ihn verlor, schrie er wie verrückt vor Verzweiflung. Ich habe mit ihm gelitten, ich konnte seinen Schmerz gut nachempfinden, obwohl es »nur« ein Film ist.

Film hin, Film her – ich finde, Gegenstände können auch unsere Freunde sein. Mein Freund Till nennt seine Gitarren seine Freunde und schleppt sie meistens mit sich rum, mein Freund Töne gibt seinen Autos Namen und behandelt sie wie gute Freunde. Auch ich sehe in vielen meiner Mopeds und Autos gute Gefährten, denen ich mich in Freundschaft verbunden fühle. Denn ich habe eine schöne Geschichte mit ihnen, was ja auch eine gute Grundlage für eine freundschaftliche Beziehung ist.

Am Anfang des Buches habe ich mir die Frage gestellt, ob ich mit mir selbst befreundet sein möchte. Die Antwort darauf möchte ich noch ein wenig hinauszögern, aber eines ist mir klar geworden: Die meisten Menschen wären sehr gerne mit sich befreundet, und viele würden wahrscheinlich sogar behaupten, dass sie ihr Freund sind.

Aber ist das wirklich wahr? Würde man einem guten Freund Böses tun? Ihn vergiften, ihm schaden, ihn schlecht behandeln? Nein, natürlich nicht. Aber wir tun uns das leider selbst an, ich mir auch. Wenn wir doch unser Freund sein wollen, warum rauchen wir dann, trinken Alkohol und bewegen uns zu wenig? Wie kann es sein, dass wir uns selbst schlecht ernähren und unserem Körper massiv schaden? Das tut man doch einem Freund nicht an, oder? Ist es nicht schrecklich, dass wir uns das selbst antun? Natürlich weiß ich auch, warum wir manchmal nicht gut zu uns sind. Wir sind nicht perfekt, weil wir Menschen sind. Nikotin, ein Täfelchen Schokolade, ein Stück Torte oder das zweite Glas Wein gönnen wir uns, um unserem mesolimbischen Belohnungssystem im Hirn nachzuhelfen, schon klar. Das ist ein Aspekt.

Natürlich haben wir alle Dinge im Leben erlebt, die nicht gut für unsere Entwicklung waren. Wer als Kind nie gehört oder gespürt hat, dass er geliebt, akzeptiert und gesehen wird, der geht auch meistens nicht gut mit sich selbst um. Ich bin der festen Überzeugung, dass wir auch mit uns selbst ins Reine kommen müssen, um gute Freunde für andere zu sein.

Ja, das ist ein guter Vorsatz: Sei dein eigener Freund, dann kannst du auch anderen ein guter Freund sein!

Zeit für Freundschaft?!

*D*as Buch neigt sich dem Ende zu, und ich bin wirklich erstaunt, was ich alles zum Thema Freundschaft entdeckt habe. Wenn ich mit meinen Freunden und Bekannten über das Buch und meine Gedanken gesprochen habe, entbrannte sofort eine lebhafte Diskussion, jeder hatte was zu sagen. Das hat mich echt fasziniert, diese ganzen unterschiedlichen Standpunkte zu bedenken und zu diskutieren. Ich habe zu Anfang des Buches ja gefragt: Möchte ich mit mir befreundet sein? Darüber habe ich viel nachgedacht. Und dabei habe ich wieder so vieles über mich gelernt, was mir zwar im Kern nicht unbekannt war, sich aber jetzt ganz klar herausgestellt hat. Ich habe ja schon erwähnt, dass ich immer sehr schnell mit Menschen in Kontakt komme – ob an der Autobahnraststätte mit Mopedfahrern, im Dorf mit Spaziergängern, im Hotel beim Abendessen. Es passiert immer nach demselben Strickmuster, so wie neulich, vor gar nicht langer Zeit:

Meine Frau Nada und ich gingen unweit unseres Hofes spazieren, irgendwann fuhr ein Auto an uns vorbei. Ich winkte freundlich.

Nada blieb stehen und fragte mich: »Wieso winkst du denn?«

Ohne lang nachzudenken, antwortete ich: »Ja, weil ich Menschen eben grüße in so einer Situation.«

Sie wollte es genauer wissen. »Aber wieso grüßt du diese Menschen denn? Du kennst die doch nicht.«

Ich überlegte kurz, bevor es mir klar wurde: »Schatz, ich habe generell mein Leben lang immer alle gegrüßt. Ich bin schon als Kind so erzogen worden – auf der Straße, wenn ein Erwachsener kommt, dass ich den zu grüßen habe. Es ist mir in Fleisch und Blut übergegangen. Ich grüße immer, bin so zu den Menschen, wie ich auch von ihnen gerne behandelt werden möchte. Davon bin ich überzeugt. Das werde ich in meinem Leben wahrscheinlich nicht mehr ändern können.«

Meine Frau hatte noch Zweifel. Schließlich sagte sie: »Nicht dass wir deswegen Ärger kriegen.«

Ich war erstaunt. »Wieso sollen wir deswegen Ärger kriegen?«

Sie erklärte mir ihre Bedenken: »Weil die Leute zu viel hineininterpretieren. Du sagst ›Guten Tag‹, du redest, du gehst spazieren über die Felder. Da stehen drei Frauen mit ihrem Pferd. Und die sagen: ›Guten Tag, sind Sie nicht der Herr Lichter?‹ Und schon bist du am Erzählen. Und wenn ich keinen Stopp mache, dann erzählst du dir mit denen eine ganze Stunde lang Geschichten. Das ist zu viel. Die Leute glauben am Ende noch, du wärst ihr Freund. Die bekommen vielleicht eine Erwartungshaltung. Die Erwartungshaltung kannst du aber nicht erfüllen, denn du hast viel zu viel um die Ohren. Für dich mag das nur eine schöne Episode sein mit Menschen, die dir sympathisch sind. Morgen hast du die vergessen, aber diese Menschen dich vielleicht nicht. Die schreiben dir eventuell, klingeln vielleicht das nächste Mal an der Tür, weil du keine Grenze gezogen hast, dich nicht genug abgegrenzt hast.«

Darüber habe ich lange nachgedacht. Meine kluge und schöne Frau hatte recht mit dem, was sie sagte. Das kann so passieren, dass fremde Menschen mich in solchen Momenten als ihren Freund wahrnehmen, dass sie ihre Projektionen bestätigt sehen: Der Horst, das ist ein Kumpeltyp, ein Freund, mit dem man Pferde stehlen kann.

Mein Problem ist also folgendes: Soll ich mich abgrenzen, nicht mehr grüßen, mich nicht mehr unterhalten, obwohl mich diese Menschen in diesem Augenblick interessieren und ich mit ihnen für eine kurze Zeit einen freundschaftlichen Moment erleben möchte? Es ist nämlich genau das: Das sind nicht meine Freunde, und ich bin nicht deren Freund, aber wir haben einen freundschaftlichen Moment miteinander, den ich nicht missen möchte. Soll ich also solchen Momenten in Zukunft aus dem Weg gehen? Nein, das möchte ich nicht, obwohl ich weiß, dass meine Frau auch recht hat. Aber ich bin so, wie ich bin, und wenn ich ein anderer sein soll, dann möchte ich mit diesem Horst nicht befreundet sein. Die wichtigste Erkenntnis zur Frage »Möchte ich mit mir befreundet sein, obwohl ich so bin, wie ich bin?« ist: Ja!

Ich finde, eben »weil ich so bin, wie ich bin«, viele Menschen, die mir auf einen Schlag wahnsinnig sympathisch sind. Als ich einmal auf meinen Freund und Co-Autor Till im Hotel gewartet habe, saß im Restaurant ein Ehepaar. Die hatten schon gut gefeiert, der Mann war sehr gut drauf und erzählte mir, dass er mein Buch »Keine Zeit für Arschlöcher!« gelesen hatte. Das Buch habe ihm geholfen, seiner Frau geholfen, sie hätten sich nach der unabhängigen Lektüre des Buches kennengelernt und seien danach zusammengekommen. Wir haben lange und sehr nett miteinander gesprochen.

Ein paar Tage später hat mir der Mann eine lange E-Mail geschrieben, die ich aber noch nicht beantwortet habe. Er hat mich eingeladen auf einen Besuch, wir hätten uns doch so gut verstanden. Warum habe ich nicht geantwortet? Zum einen, weil ich jeden Tag fünfzig E-Mails kriege und dreißig WhatsApps und was weiß ich noch alles. Ich kann das nicht alles persönlich beantworten, dann hätte ich kein Privatleben mehr. Zum anderen antworte ich nicht, weil ich den Mann ja nicht vor den Kopf stoßen möchte. Ich wollte ihm im ersten Impuls schreiben: »Entschuldige, ich habe keine Zeit für dich, trotzdem danke für die Einladung.« Das habe ich aber nicht gemacht, es bringt einfach nichts. Ich müsste dem Mann langatmig erklären, dass wir eine schöne Stunde miteinander verbracht, eine tolle Momentaufnahme geteilt, einen freundschaftlichen Moment zusammen erlebt haben, aber dass wir keine Freunde sind.

Manchmal fühle ich mich wie eine Lokomotive, die ihren Weg fährt. Dann steigen Leute ein, weil ich kurz anhalte und sie mitnehme. Aber die steigen nicht mehr aus, die wollen weiter mitfahren. Das schaffe ich nicht. Da müsste ich noch so viele Waggons zusätzlich ankoppeln, damit ich alle mitnehmen kann. Dann schaffe ich es irgendwann nicht mehr, den Zug zu ziehen. Wenn die Leute nicht wieder aussteigen wollen, muss ich, bevor ich nicht mehr ziehen kann, eben ein paar Anhänger abkoppeln. Hoffentlich liest der gute Mann dieses Buch und hat Verständnis.

Ich habe viele feste Ansichten zu Freundschaft und Freunden, die wichtigste bleibt auf jeden Fall: Freundschaft fordert nicht, Freundschaft verlangt nicht. Freunde wiegen ihre Hilfe nicht gegenseitig auf, sie helfen einfach – sonst sind sie keine Freunde. Freundschaft ist keine Pflanze, die gepflegt werden muss. Freundschaft ist für mich eine soziale Institution, eine Form des menschlichen Zusammenlebens, wie zum Beispiel die Ehe. Jeder hat andere Vorstellungen und verschiedene Regeln für Freundschaft, und meine konnte ich mithilfe dieses Buches für mich neu entdecken.

Dazu gehört auch die Erkenntnis: Freunde – dieses Wort wird heutzutage inflationär benutzt, genau wie Toleranz und Respekt auch.

Freund zu sein, das muss man mit Inhalt füllen, das muss man leben, das sind Werte, die nicht einfach nur dahergesprochen werden dürfen. Respekt heißt für mich zum Beispiel auch grüßen und in einem Gespräch, ob mit Freunden oder Fremden, höflich zuhören und antworten. Toleranz bedeutet auch, dass ich akzeptieren muss, wenn mein Freund kein Typ ist, der von sich aus anruft – egal ob er mehr Zeit hat als ich hat oder nicht. Wichtig ist nur, wenn ich ihn anrufe, dass er dann für mich da ist.

Uns ist nicht allen das Gleiche gegeben, das müssen wir gerade auch in einer Freundschaft tolerieren. Der eine ist Netzwerker und Hansdampf in allen Gassen, der andere introvertiert und stiller Einsiedler. Toleranz ist in einer Freundschaft ein Begriff, der nicht dahingesagt werden sollte, sondern einer, der mit Leben gefüllt werden muss.

Bei meinem Freund Till hängt in der Küche eine Postkarte an der Pinnwand, auf der steht: »Toleranz ist der Verdacht, dass der andere recht hat.« Abgeleitet wurde dieser Spruch von dem Zitat »Ein Gespräch setzt voraus, dass der andere recht haben könnte« des deutschen Philosophen Gadamer.

Was für ein Satz! Es ist nicht nur ein Satz, den sich Freunde hinter die Ohren schreiben sollten vor allem in diesen Zeiten, in denen so viele Leute laut und massiv auf ihre – und zwar nur auf ihre – Wahrheit bestehen. Wir sind Menschen, niemand kann immer alles wissen und recht haben, denn niemand ist perfekt. Perfekte Freunde gibt es nicht, perfekte Freundschaft auch nicht.

Ich sage noch mal ganz klar meine Meinung: Freundschaft ist keine Pflanze, die dauernd gepflegt werden muss. Wenn wir uns selbst permanent daran erinnern, unsere Freundschaften mit Werten wie Toleranz, Respekt, Hilfsbereitschaft und Ehrlichkeit zu füllen, dann muss keine Freundschaft gepflegt werden. Dann bleibt sie auch ohne Pflegemaßnahmen intakt.

Ich hoffe, dieses Buch hilft vielen Menschen, sich darüber klar zu werden, was sie von Freunden und einer Freundschaft erwarten. Ich werde es vielen meiner Freunde schenken. Deswegen wollte ich auch unbedingt die »Freundeseiten« in diesem Buch haben. Wenn ihr dieses Buch verschenkt, dann könnt ihr euren Freunden schreiben, warum sie für euch gute Freunde sind. So wie Till und ich das gemacht haben, das war mal was anderes, als am Ende immer die gleichen Danksagungen zu schreiben.

Till wollte noch so gerne ein Kapitel über Freunde und Freundschaft in Liedern machen. Das kann ich gut verstehen, denn mein Freund ist leidenschaftlicher Musiker und Sänger. Aber ich konnte ihn ganz einfach überzeugen, dass ich nur ein einziges Lied brauche, um mein Verständnis von

Freundschaft zu vermitteln: »Gute Nacht, Freunde« von Reinhard Mey, diese wunderbare Ode an die Freundschaft.

Was für ein schöner Text! Ich könnte schwören, Reinhard Mey hätte ihn für mich geschrieben. Alles drin, was ich für eine gute Freundschaft für absolut wichtig halte: nämlich seinen Freunden zu danken. Bei Mey heißt es in den Strophen immer »habt Dank«, dann singt er, wofür er zu danken hat. Und da bin ich wieder bei etwas Grundsätzlichem. Nennt mich spießig, aber »Danke« zu sagen scheint für viele in unserer Gesellschaft kein schlüssiges Konzept mehr zu sein. »Nimm«, denn »Haben kommt ja nicht von geben«, aber »Danke« sagen, das ist den meisten dann doch schon zu viel.

Ich weiß, das klingt so schrecklich altmodisch, aber, Herrschaften: Nicht alles, was altmodisch ist oder klingt, ist deswegen automatisch schlecht. Ich mag nicht nur grüßen, ich finde auch »Bitte« und »Danke« zu sagen unverzichtbar im täglichen Umgang miteinander. Und darum finde ich diese erste Strophe von »Gute Nacht, Freunde« so wunderbar: Natürlich ist es selbstverständlich, seinen Freunden ein Bett anzubieten sowie Essen und etwas zu trinken, aber genauso selbstverständlich sollte man ihnen auch dafür danken. In der zweiten Strophe dankt der Erzähler dafür, dass man gemeinsam viel Zeit verplaudert, also miteinander verbracht hat. Verplaudert heißt für mich, dass man mit Freunden nicht nur ernste, wichtige Gespräche führt, sondern Unsinn erzählt und herzlich miteinander lacht. Aber wenn es ernst wird, dann haben echte Freunde Geduld und können auch eine andere Meinung vertragen. Freundschaft heißt füreinander da sein – auch wenn es vielleicht für mich selbst nicht immer der richtige Zeitpunkt ist, an dem ein Freund vor der Tür steht. Deswegen geht die Tür trotzdem auf, denn dazu hat man ja Freunde.

Die schönste Strophe dieses wunderbaren Liedes ist jedoch die dritte und letzte Strophe, denn da geht es um mein Kernthema. In dieser Strophe bedankt sich der Sänger dafür, dass seine Freunde nie darauf geachtet haben, ob die Freundschaft für sie einen Vorteil bringen oder sich im wahrsten Sinne des Wortes lohnen könnte. Na bitte, wieder lande ich bei meinem Freundschaftsgesetz: Freundschaft fordert nicht, Freundschaft wiegt nicht auf, Freundschaft ist nicht berechnend. Freunden zu helfen bringt Seelenfrieden, bringt das glückliche Gefühl, gebraucht zu werden, geholfen und selbstlos gehandelt zu haben in der sicheren Gewissheit, dass der Freund es genauso für dich getan hätte, in guten und in schlechten Zeiten. Freundschaft ist nicht einfach, denn Menschen sind schwierig. Ich habe mal in einer Todesanzeige diesen wunderbaren Satz gelesen: »Es war nicht immer einfach, dein Freund zu sein. Aber es war immer richtig!«

Nie war Freundschaft wichtiger als in diesen Zeiten, dieser Gedanke drängt sich mir immer mehr auf am Ende dieses Buches. Denn sie spendet uns Trost, lässt uns hoffen und gibt uns Mut. Auf der Rückseite des Umschlags und an früherer Stelle hier im Buch heißt es: »Freund oder Nichtfreund? Das ist hier die Frage ...« Das müsst ihr, liebe Freundinnen und Freunde, auch selbst herausfinden. Was man alles bedenken kann und sollte, wenn es um Freundschaft geht, habe ich, so gut es geht, versucht, in diesem Buch aufzuschreiben: was es heißt, befreundet zu sein, was es bedeutet, Freunde zu verlieren. Die »richtigen« Schlüsse zu ziehen liegt bei jedem selbst – die Entscheidung kann ich euch nicht abnehmen.

Redet mit euren Freunden über eure Vorstellung von Freundschaft, redet mit ihnen über die Freundschaft, die ihr habt und gemeinsam lebt. Hört nicht auf, darüber zu reden, denn nur wer nicht mehr miteinander redet und sich nicht zuhört, läuft Gefahr, sich auseinanderzuleben, sich zu entfreunden. Redet mit euren Kindern über Freundschaft und erzieht sie so verantwortungsvoll, dass ihr später Freunde werden könnt. Gebt ihnen viel Liebe und Sicherheit, aber fordert auch Eigeninitiative. Verwöhnt sie mit Zuneigung, aber achtet darauf, dass sie als Erwachsene ihr Leben ohne eure materielle Hilfe leben können. Schaut euch Filme über Freunde an, hört Lieder über Freundschaft. Druckt euch Kalendersprüche aus und schickt sie einander per WhatsApp. Denn in jedem Kalenderspruch, sei er noch so voller Klischees, steckt ein Korn Wahrheit.

Macht es doch wie mein Freund Peter: Ladet eure alten Freunde mal wieder ein, frischt eure Freundschaft auf! Geht mal wieder auf ein Klassentreffen oder irgendein anderes Ehemaligentreffen! Unterhaltet euch beim Sport, im Bus, im Restaurant, beim Spaziergang mit dem Hund oder im Urlaub mit *freund*-lichen Menschen, vielleicht werden sie sogar irgendwann eure neuen Freunde.

Und noch einmal, weil es wahnsinnig wichtig ist: Freundet euch mit euch selbst an, mögt euch! Sich selbst als Freund zu haben macht glücklich, glückliche Menschen braucht die Welt. Wer glücklich ist, findet viel einfacher Freunde. Wir sterben allein, das ist klar. Aber mein fester Glaube ist, dass Freunde und Freundschaft das Leben erfüllter machen – und wer ein erfülltes Leben hatte, der kann einfacher gehen, wenn es so weit ist. Gebt der Freundschaft eine Chance, sie ist es wert.

Auf der Titelseite, sozusagen am Anfang dieses Buches, habe ich die große Frage gestellt – und zwar ganz bewusst mit Fragezeichen und Ausrufezeichen: Zeit für Freundschaft?! Meine Antwort, aus vollem Herzen und ganzer Überzeugung, heißt: Ja!

Schlusswort

Meine Lieben! Es gibt ein Vorwort, einen Prolog, einen Hauptteil, Mittelteil, ganz viele Kapitel, ein Dankeswort, Zugaben, es gibt quasi alles, was dem Schreiber gefällt und der Verlag ihm nicht ausreden konnte. Ich erlaube mir ein Schlusswort.

Warum? Weil das Thema Freundschaft mich sehr umgetrieben hat, mich nachdenklich gemacht, mich berührt und zu ganz vielen neuen Gedanken angeregt hat.

Ich habe, sobald klar war, dass ich dieses Buch schreibe, mit so vielen Menschen über dieses Thema gesprochen. Wir haben leidenschaftlich diskutiert, kontrovers und harmonisch. Voller Inbrunst kann ich sagen, dass ich mir wirklich den Kopf zerbrochen habe. Denn ich wollte so viele Meinungen wie möglich sammeln, um alle Aspekte zu berücksichtigen. Ich bin zu Resultaten gekommen. Und immer wenn ich gedacht habe, »Jetzt habe ich es« – habe ich wieder alles umgeschmissen, um am Schluss genauso ratlos wie vorher zu sein.

Aber ich habe am Ende ein paar große Wünsche: Ich möchte meiner Frau der beste Freund sein. Ich möchte, dass meine Kinder und ich die besten Freunde sind. Ich wünsche mir, dass man sich umeinander kümmert, sich Zeit gibt und nicht zu viel einfordert.

Ich wünsche mir natürlich nicht nur, dass meine Kinder meine Freunde sind – auch wenn dies schwer ist –, sondern auch die Menschen, die sie mit in unsere Familie gebracht haben: meine Schwiegerkinder, also meine Schwiegertöchter und Schwiegersöhne. Hier möchte ich mich ganz besonders bei Christine, der Frau meines Sohns Christopher, bedanken. Sie hat die Bilder in diesem Buch zum Thema Freundschaft gezeichnet. Ich habe vor Rührung geweint, die Zeichnungen sind wunderschön und auf den Punkt getroffen. Christine passt sehr gut zu meinem Christopher, nicht nur wegen ihres Namens, auch weil die beiden eine Einheit und, ich glaube, auch sehr gut befreundet sind. Danke schön, Christine!

Am meisten wünsche ich mir, dass alle Menschen miteinander befreundet sind. Ich glaube fest daran, dass Tier und Mensch befreundet sein können, auf der gleichen Ebene wie Menschen. Weil sie eine Seele haben, weil sie Gefühle haben, genau wie wir Menschen.

Tiere haben keine Moral. Sie haben Urinstinkte: fressen, sich vermehren, überleben und ihren Lebensraum verteidigen. Deswegen gibt es eigentlich keine bösen Tiere. Einige wenige Tierarten sind uns so ähnlich, dass man leider sagen kann: Da ist auch so etwas wie Brutalität, etwas Böses – wie bei uns Menschen. Aber die große Mehrheit der Tiere ist weit davon entfernt, die grausamen Dinge zu tun, zu denen wir Menschen imstande sind.

Nichtsdestotrotz träume ich davon, dass alle Menschen befreundet sind. Ich träume weiter davon, dass von morgen an sich alle großen Politiker dieser Welt regelmäßig treffen, lecker essen und zusammen trinken. Dass sie sich aus ihrer Kindheit erzählen, ihre Sorgen und Nöte miteinander teilen und dann beschließen: Wir möchten von nun an Freunde sein. Dann wäre vieles auf der Welt bestimmt besser. Vielleicht bin ich ein Träumer, aber ich bin bestimmt nicht der Einzige.

Apropos Freunde sein: Ich möchte mit mir befreundet sein. Ich achte, seitdem ich das beschlossen habe, viel besser auf mich. Ich esse gesünder, schlafe mehr und arbeite weniger. Rauche nicht mehr, achte auf eine gesunde Umgebung. Denn man achtet schließlich auf seine Freunde und trägt Sorge, dass sie vernünftig leben.

Das Leben ist nicht immer einfach, das weiß ich wohl. Ich bin durch Meere von Tränen geschwommen, manchmal waren es Freudentränen, manchmal waren es bittere Tränen voller Trauer und Leid.

Aber, meine Freunde, ich bin und bleibe unbeirrbar ein Menschenfreund, auch wenn es manchmal Menschen gibt, die mir und anderen nichts Gutes gönnen – so ist das nun mal im Leben, das werde ich allein nicht ändern können.

Etwas können wir trotzdem alle ändern: Höflichkeit, Freundlichkeit, Vertrauen und Respekt sind die Grundlage für Freundschaften zwischen Menschen – und dann kommt schon die Liebe. Es gibt viel zu tun, fangen wir morgen damit an.

Danke!

Euer
Horst Lichter,
im April 2024

Zugabe

Till für Horst

Wir kennen uns seit:
2008.

Unser Kennenlernen:
Auf dem Parkplatz des Albert-Einstein-Forums in Kaarst lernte ich dich kennen. Du warst mir sehr sympathisch, denn ich durfte mich gleich in deinen gelben Ferrari Dino setzen und mit dir eine Runde drehen. Das Auto hatte ich schon in der Siebzigerjahre-Krimiserie »Die 2« bewundert, aber noch nie eins »in echt« gesehen, schon gar nicht in dem rattenscharfen Gelb. Du weißt ja: Nichts ist gelber als Gelb selber!

Das bist du für mich:
Ein höflicher, hilfsbereiter, harmoniebedürftiger, sensibler und gastfreundlicher Mensch, der mir gegenüber immer sehr ehrlich war und ist.

Mein Spitzname für dich:
Onkel Hotte. Oder nur Hotte.

Das mag ich besonders an dir:
Wir sind nicht immer einer Meinung, aber das macht auch nichts, denn: Wir respektieren uns, hören uns gegenseitig zu und konzentrieren uns dann auf das, was uns und unsere Freundschaft verbindet. Deine Loyalität, Wertschätzung und Treue mir gegenüber schätze ich sehr und dein ehrliches Interesse an Menschen und ihren Geschichten.

Du bist mir wichtig, weil:
… unsere Freundschaft ein gutes Beispiel ist für unser Freundschaftscredo: Freundschaft fordert nicht, verlangt nicht und wiegt nicht auf. Wir sind einfach Freunde und füreinander da, wenn es so weit ist.

Dieser Song erinnert mich an dich:
»Gute Nacht, Freunde« von Reinhard Mey.

Du warst mir schon eine große Stütze bei:
Allein durch unsere intensiven, ehrlichen Gespräche über unsere Lebenserfahrungen habe ich viel über mich selbst gelernt.

Ich erinnere mich besonders an unser legendäres »Ich mag mich«-Gespräch auf dem Dach des Hotel Savoy in Köln. Das hat in mir so viel ausgelöst, mir so unendlich geholfen, mich selbst besser zu verstehen. Das werde ich dir nie vergessen.

Da möchte ich gerne mal mit dir hin:
Dahin, wo viele schöne, alte Autos und Mopeds sind. Und keine Menschen außer uns beiden, damit du mir alles in Ruhe ungestört zeigen und erklären kannst. Dann was Leckeres essen und trinken ... und weiter mit dir über Oldtimer und Mopeds schwärmen!

Du kannst besonders gut:
Dich freuen – auch für andere – und dich begeistern lassen! Und natürlich deine Königsdisziplin: freundlich, interessiert und offen mit den unterschiedlichsten Menschen sprechen – das kann keiner besser als du!

Drei tolle Dinge an dir:
Deine ansteckende Freundlichkeit,
dein großes, warmes Herz und deine
Großzügigkeit.

Wir haben das letzte Mal so richtig zusammen gelacht, als:
... wir dieses Buch geschrieben haben, war es wie immer: Wir haben Tränen gelacht!

Wir haben das letzte Mal so richtig zusammen geweint, als:
... wir dieses Buch geschrieben haben, war es wie immer: Wir haben Tränen geweint!

Du in einem Wort:
Menschenfreund.

Horst für Till

Wir kennen uns seit:
2008.

Unser Kennenlernen:
Ich vergesse es nie. Eigentlich wollte ich zu der Zeit aufhören, Bühnenshows zu machen, ich wusste nicht mehr, was ich noch sagen könnte, denn irgendwie war mein Kopf quasi leer gespielt. Aber meine beiden heutigen Manager Gesa und Töne Stallmeyer meinten zu mir: Horst, tu das nicht. Wir kommen mal zu deiner Show nach Kaarst und bringen

jemanden mit, der Typ ist eine Sensation, eine Kanone im Programmschreiben. Außerdem ist er selber ein Bühnenstar. Und da war auf einmal auf dem Parkplatz ein großer schlaksiger Mann mit einer tiefen Stimme, der sich als Allererstes nur um mein Auto kümmerte, meinen kleinen Dino. Nach der Show war er allerdings auch der Erste, der zu mir kam und sagte: Du, pass mal auf – heute, das war schon richtig gut, aber wir könnten daran noch jede Menge zusammen verbessern: etwas kürzen, straffen und ein paar neue Gags.

Das hat mir wahnsinnig geholfen, und seit dieser Zeit wusste ich: Dieser Till, das ist ein ehrlicher Mensch.

Das bist du für mich:
Ein Reflektor, ein Spiegel. Du bist für mich das Wässerchen, das die Wahrheit beinhaltet. Du bist laut, du kannst still sein, du kannst Tränen lachen, du kannst weinen, du kannst dich zeigen. Du bist für mich ein Mensch, wie viele – oder am liebsten: alle – sein müssten.

Mein Spitzname für dich:
Till ist kurz genug. Till bleibt Till.

Das mag ich besonders an dir:
Du bist die Essenz von vielen Dingen, wo andere unfassbar drum herumerzählen. Du bist jemand zum Anlehnen und jemand zum Wachrütteln. Du bist halt ein echter Till. Ich kenne keinen zweiten.

Du bist mir wichtig, weil:
Du bist mir wichtig, weil ich weiß: Wenn ich anrufe, gehst du dran. Du bist wichtig, weil ich weiß: Wenn ich dich brauche, bist du da. Du bist wichtig, weil ich weiß: Auch wenn

ich mich mal lange nicht melde, nimmst du es mir nicht krumm. Es ist gut, dass es dich gibt.

Dieser Song erinnert mich an dich:
»Der Clown« von Heinz Rühmann. Da singt er über sich selbst, dass er niemanden in sein Herz schauen lässt. Auch du, Till, bist so viel tiefer, als du zugibst.

Da möchte ich gerne mal mit dir hin:
Ich würde dich einfach in meine Garage einladen, da bist du ja eh gerne, und etliche Stunden und Tage hier sitzen, erzählen, essen, trinken, Blödsinn machen und lachen. Du machst die Musik dazu, weil: Ich höre sie gern, und du kannst sie gut spielen!

Drei tolle Dinge an dir:
Du bist ein Familienmensch mit unfassbar viel Empathie und Demut.

Wir haben das letzte Mal so richtig zusammen gelacht, als:
… wir dieses Buch geschrieben haben: Tränen haben wir gelacht!

Wir haben das letzte Mal so richtig zusammen geweint, als:
… wir dieses Buch geschrieben haben.
Es war wie immer, wir haben Tränen geweint.

Du in einem Wort:
Ein Wort ist gut, zwei sind besser: Till, Menschenfreund.

Es heißt Freundschaft, weil man mit Freunden alles schafft!

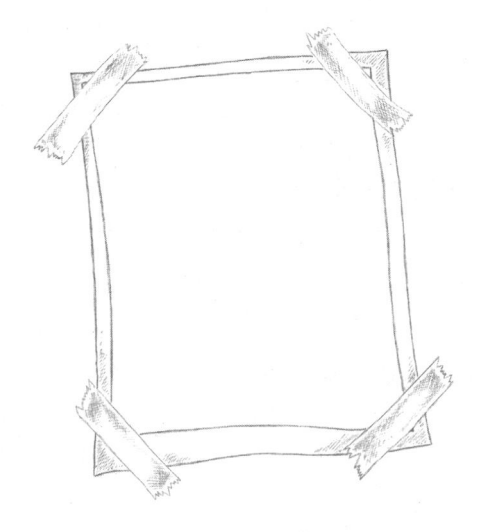

Dieses Buch ist für:

Von:

Wir kennen uns seit:

Unser Kennenlernen:

Das bist du für mich:

Mein Spitzname für dich:

Das mag ich besonders an dir:

Du bist mir wichtig, weil:

Dieser Song erinnert mich an dich:

Du warst mir schon eine große Stütze bei:

~~~~~~
~~~~~~
~~~~~~

Da möchte ich gerne mal mit dir hin:

~~~~~~
~~~~~~
~~~~~~

Du kannst besonders gut:

~~~~~~
~~~~~~
~~~~~~

Drei tolle Dinge an dir:

~~~~~~
~~~~~~
~~~~~~

Wir haben das letzte Mal so richtig zusammen gelacht, als:

~~~~~~
~~~~~~
~~~~~~

Wir haben das letzte Mal so richtig zusammen geweint, als:

Du in einem Wort:

Freundschaft bedeutet für mich:

Dieses Erlebnis verbindet uns besonders:

Ich wünsche dir:

Ich schenke dir das Buch, weil:

Horst Lichter

ICH BIN DANN MAL STILL

Meine Suche nach der Ruhe in mir

Der SPIEGEL-Bestseller als Taschenbuch

»Ich war auch überrascht von den Ergebnissen dieser Suche nach der Ruhe in mir, das könnt ihr mir glauben. Ob ich weiser geworden bin, ob ich still sein kann, ob ich in Zukunft immer fündig werde, wenn ich meine innere Ruhe suche? Ich habe keine Ahnung. Ich hoffe es.«

Horst Lichter

Horst Lichter ist nie um einen flotten Spruch verlegen, doch nun wagt er das große Abenteuer: schweigen, still sein, einmal nur für sich sein, hinter dicken Klostermauern. Der beliebte Moderator begibt sich auf eine Reise in die Stille und zu sich selbst. Seine Zeit im Kloster wird zu einem spannenden Experiment, von dem er ehrlich und inspirierend erzählt. Horst Lichter, wie man ihn noch nie erlebt hat.

KNAUR.LEBEN